北京市哲学社会科学规划办公室
北 京 市 教 育 委 员 会   资助出版

中国外交与北京对外交流研究报告

2016

北京对外交流与外事管理研究基地 编

 出版社

图书在版编目（CIP）数据

中国外交与北京对外交流研究报告.2016/北京对外交流与外事管理研究基地编.—北京：世界知识出版社，2018.2

ISBN 978-7-5012-5676-1

Ⅰ.①中… Ⅱ.①北… Ⅲ.①外事管理—研究报告—北京—2016 Ⅳ.①D821

中国版本图书馆 CIP 数据核字（2018）第 009175 号

责任编辑	刘豫徽
责任出版	王勇刚
责任校对	马莉娜
书　　名	中国外交与北京对外交流研究报告 2016 Zhongguo Waijiao yu Beijing Duiwai Jiaoliu Yanjiu Baogao 2016
编　　者	北京对外交流与外事管理研究基地
出版发行	世界知识出版社
地址邮编	北京市东城区干面胡同 51 号 （100010）
经　　销	新华书店
网　　址	www.ishizhi.cn
投稿信箱	lyhbbi@163.com
印　　刷	北京京华虎彩印刷有限公司
开本印张	720 毫米×1020 毫米　1/16　15 印张
字　　数	167 千字
版次印次	2018 年 2 月第一版　2018 年 2 月第一次印刷
标准书号	ISBN 978-7-5012-5676-1
定　　价	45.00 元

目　录

第三章　城市管理与城市发展

第一章　国际关系与中国外交

国际政治理论的新探索[*]

秦亚青[**]

　　国际关系理论的发展历程见证了美国现实主义、自由主义和建构主义三大主流理论交替或共同主导研究议程的时期。主流理论对国际关系学科的发展和国际关系世界的认知都做出了贡献，但也都具有自身的历史和文化局限性，因此这三种理论在当前都受到质疑。虽然新的、可以与三大理论直接抗衡的国际关系理论还没有出现，但世界国际关系学界一直在努力，尤其是美国之外的学者在寻求非美国、非西方国际关系理论的探索之中，在追求理论的多样性和学术的多元化方面已经做出了重要贡献。2005 年，巴里·布赞（Barry Buzan）和阿米塔夫·阿查亚（Amitav Acharya）发起了"为什么没有非西方国际关系理论"的研究项目，[①] 项目成果在 2007 年发表之后，引起世界尤其是西方国际关系理论界的极大争议。该项

　　* 本文发表于《世界经济与政治》2015 年第 2 期。

　　** 秦亚青，外交学院院长、教授、博士生导师，中国国际关系学会常务副会长。

　　① 项目成果发表在 International Relations of the Asia Pacific, Vol. 7, No. 2, 2007, Special Issue on "Why Is There No Non-Western IR Theory"。

目之所以产生重大影响，是因为"为什么没有非西方国际关系理论"这个问题成为世界国际关系理论研究议程无法回避的命题。后来，加拿大学者伊曼纽尔·阿德勒（Emanuel Adler）和文森特·普利奥（Vincent Pouliot）提出了以实践为核心的国际关系研究议程，强调实践共同体的实践活动是人的思想和行为的根本，强调背景知识较之表象知识更为重要，这就为非西方国际关系理论的产生和构建提供了合法性依据。① 阿查亚在担任国际研究学会（International Studies Association）主席之后，提出"全球国际关系学"的理念，强调对非西方历史和文明的重视，力图推动国际关系理论的多元化发展。② 本文主要讨论两个问题：一是社会理论是怎样生成与发展起来的，二是简单陈述笔者提出的国际政治关系理论。

一、社会理论的生成和发展

社会理论的生成与发展与实践体的文化密不可分。社会理论需要具有相当的普适性，否则不可能成为有意义的系统理论，但同时，任何社会理论都始终会存有文化的胎记，绝对意义上的普适性并不存在。理论是人建构起来的，人是文化动物，是在一个具体的文化环境中生长起来的，因之必然受到这种文化的浸润和影响，任

---

① Emanuel Adler and Vincent Pouliot, eds. , *International Practices* （Cambridge：Cambridge University Press, 2011）.

② Amitav Acharya, "*Global International Relations*," Presentation at the Conference on Global IR and Chinese School of international Relations Theory, China Foreign Affairs University, December 8, 2014.

何人都无法超越这个基本的知识局限。新近发展起来的国际关系实践理论强调了背景知识对思维和行为的重要性，[①] 实际上，背景知识就是文化的凝结和积淀。理性主义是在欧洲文化中发展起来的，与当时欧洲的宗教等基本文化要素有着直接的关系，并经过一代又一代的欧洲学者总结凝练，成为一种具有高度抽象和较强普适性的元理论，也因之主导了包括国际关系在内的社会科学诸学科的理论建构。

我们说社会理论的生成和发展与文化有着密不可分的关系，首先是说社会理论的核心部分包含了不可磨灭的文化要素。理论总是从一个内核或称为理论硬核开始的，通过"成核"过程逐渐发展为系统化的思想。虽然人们对成核现象有诸多讨论，但却没有进一步深入探究这个硬核的构成。笔者以为，理论硬核至少包含两种要素：一是形而上或是理念性的要素，二是形而下或是物质性的要素。形而下要素帮助一个文化共同体中的成员观察经验事实，而形而上要素则帮助他们来理解和诠释这些事实。进而，这种形而上要素正是基于长期实践所形成的文化体的基本理念和共有知识。当形而下的物质性和形而上的理念性洽合在一起，便形成了一个比较系统的社会理论。[②] 理论建构不可能单纯是物质性的，也不可能单纯是理念性的。它是物质性和理念性的结合互动，是一个物质和理念不断契合的过程。

---

① 秦亚青：《国家行动的逻辑：国际关系理论的知识转向及其意义》，《中国社会科学》2013 年第 12 期，第 182—198 页。

② 秦亚青：《国际关系理论的核心问题与中国学派的生成》，《中国社会科学》2005 年第 3 期，第 165—176 页；秦亚青：《国际关系理论中国学派生成的可能和必然》，《世界经济与政治》2006 年第 3 期，第 7—13 页。

由于形而上要素在理解和诠释社会现象时起到这种关键作用，文化在理论建构中就成为不可或缺的因素。文化由一个群体中的人们经过长期实践积淀而成，任何一个人都是在某种特定的文化体中生长的，所以理论建构者从一开始就具有自身的文化属性。文化使该群体中的成员在思想和行动方面都体现出这种文化的一些基本特征，包括共同世界观、共有知识或背景知识。这些基本的文化特征在观察某一社会现象的时候被激活，导致某一文化体成员对这一现象有着近似的理解，物质的社会性意义就是这样产生的。换言之，人们通过这些基本的背景知识来审视世界、理解世界和诠释世界。既然文化构成了社会理论硬核中的形而上要素，它就成为意义建构的基本机制，物质世界是通过这一机制被认知和理解的。

西方文化为国际关系理论提供了丰富的资源，理性是西方主流社会理论硬核的形而上要素，由此产生了政治学、社会学、经济学等学科内一系列重要的理论，几乎涉及社会科学的所有重要领域。中华文化也具有丰富的资源。正如西方文化中的理性一样，"关系性"是中华文化的重要概念，可以作为一种新的国际关系理论硬核中的形而上要素，本文称这种理论为"国际政治关系理论"。由于关系理论以关系性为理论硬核的形而上要素，而关系性是中华文化的重要理念，所以，关系理论应是"中国学派"中的一种理论。

二、国际政治关系理论的基市脉络

"关系"是儒家文化体和实践体的产物，是在长期历史实践中积淀下来的文化要素和背景知识。我们将其提炼出来，称之为"关系性"，并作为中国文化哲学中最重要的概念之一来进行理论建构。① 关系性意味着行为体（无论是个体还是群体）首先都是关系行为体或是关系中的行为体。自从人们来到这个世界，就处于一个关系网络之中，国家亦然。因此，国际关系学首先要研究关系。遗憾的是，国际关系理论如此自称，却没有对关系做出理论上的系统梳理和解释。国际政治关系理论希望能够弥补这一严重的不足。

西方文化和中华文化都是人类创造的伟大文化，有着不少共同的思想和价值观念。但同时，西方文化传统与中国文化传统也构成了世界两大文化传统，产生了不同的世界观，使人们对自然现象和社会现象的理解也有所不同。在西方文化中，理性是通过长期实践而得来的核心概念，是个体主义在奋争中占据主导地位而产生的思想。这个重要思想在其后为现代化和西方的发展做出了至关重要的贡献，并具有相当广泛的普遍性。在中华文化中，农耕社会的实践活动是这一文化体的生命基础，所以更强调群体，更强调群体成员之间的关系，更强调人与人、人与自然之间的和谐，关系便成为核心概念。因此，我们不难理解为什么在西方结构现实主义、新自由主义和结构建构主义这三大主流理论中都具有明显的理性成分，而恰恰缺失了关系性这一重要维度，都没有对国际体系中的关系性以及国际社会中的复杂关系进行研究。结果是国际关系研究中鲜有针对关系进行的理论化研究，也没有成

---

① 秦亚青：《关系与过程：中国国际关系理论的文化建构》，上海：上海人民出版社2012年版。

熟的关系理论。国际政治关系理论就是要弥补这一缺失，通过把过程和关系这两个核心的中华文化思想概念化而形成一个比较系统的关系理论。

过程是流动的关系。这样的定义将行为体之间的关系视为过程的核心，将关系互动视为过程动力的来源。过程具有自在性，国际行为体间的关系互动产生了国际社会的过程动力，帮助行为体形成自己的身份，产生权力，孕育国际规范。过程的核心是关系，维持关系就是维持过程，发展关系就是推进过程，增强关系就是增强过程的动力。例如，东亚地区主义在很大程度上属于过程导向范畴。"舒适度"是东亚地区合作的独特规范，在整个合作过程中，作为一种关键的黏合剂，防止参与各方发生关系破裂的情景，即便在合作最困难的时期，也可以使各方关系得到最低程度的维持，使合作进程能够持续以待未来发展。维持的是关系，维护的是合作过程，这就是关系性的重要意义所在。

关系性是关系理论的核心概念，是对关系这一普遍的社会现象提炼抽象后得出来的。关系性意味着任何社会人做出决定和采取行动的基本依据是关系，是依其此时此地所处的关系网络中的位置以及这一位置与关系网络中其他行为体的相对关系来判断情势和进行决策的。中国对俄罗斯的政策必然是将自己与美国的关系位置考虑在内之后的决策，美国对日本的政策也必然考虑到相对于中国的关系，东盟对中美的政策也是一种基于既对华也对美的关系考量。关系理论是将关系性理论化，使其成为理论硬核的形而上要素，然后通过成核化过程构建的。关系理论试图从不同视角解读国际关系现象，比如，关系理论认为，决定一个体系特征的是这个体系中行为单元之间的关系类型而不是行为单元的自身特征。不同的关系类型导致了不同体系的不同统治形式、治理模式和秩序原则，如威斯特伐利亚体系、华夷朝贡体系及德川幕府体系。[①] 这些历史上出现的国际体系具有不同特征，但这些特征恰恰是由体系单位之间的关系界定的。单凭一个体系，研究人员很难发现关系性的重要意义，但在比较国际体系研究中则很容易发现这一特点。理性无疑是重要的，但理性重要的原因也与关系性相关，因为只有当一个人在复杂的社会关系网络中明确了自己的位置和相对身份之后才会知道什么行为是理性的。比如，一个人对陌生人所采取的理性行为对自己的父母来说也许就不是理性的。无论是从历史还是从现实来看，管理和管控关系构成了世界政治的大部分内容。

在世界政治领域，关系理论是一个体系层次理论，重点强调国家间的互动实践以及社会过程的独立本体地位，社会过程在建构国际规范与国家身份的过程中起重要作用。关系理论具有明显的儒家特征，因为儒家治理观的一个核心内容是理顺关系，是管理关系网络并使之通畅运行。但是，关系性在儒家社会之外同样具有很大的适用潜力。只要是社会，社会性关系就是不可或缺的要素。无论是中国、美国、欧洲还是东南亚，都是如此。只不过理性的强势和以理性推动的现代化过程的强势，使得关系性这一社会人的基本素质在理论建构和实际生活中被压抑下来。

---

① Erik Ringmur, "Performing International System: Two East-Asian Alternatives to the Westphalian Order," *International Organization*, Vol. 66, No. 2, 2012, pp. 1-25.

三、关系理论的认识原理和方法原则：元关系与中庸辩证法

关系理论的认识论和方法论是以中华文化哲学中的重要理念"中庸"为基础的。理性主义的一个重要认识论和方法论原理是黑格尔的辩证法。如黑格尔辩证法一样，中庸辩证法也看到事物发展的两个偶对体，但它与黑格尔辩证法的不同也是极其重要的。黑格尔辩证法认为两个偶对体构成正题和反题，根本上是对立和冲突的，是以一方消灭或同化另一方为进化前提的。中庸辩证法则认为这两个偶对体或称为两极之间的关系并不是对立冲突的，而是可以在合作和竞争中生成新的合体生命，因此是以双方的合作和交融为进化前提的。[①] 这种新的合体生命既保留了偶对两极各自的重要特征，但又不能还原为任何一极。所以，笔者将中庸辩证法中的偶对两极称为"共题（co-theses）"，而不是正题和反题，因为两者之间的关系不是正反对立，而是交合互补，从而产生新的生命形态。

关系理论进而认为，阴阳关系是所有关系的基本形态，或称为元关系。关系理论的核心概念是关系性，强调宇宙万物的联系及其之间关系的复杂性。要理解如此复杂的关系和关系网络以及如此深层的互系性，就需要找到一种最具表征意义的偶对关系作为关系理论的根本预设。我们提出：阴阳关系是元关系。这对最简单、最直

[①] 成中英：《论中西哲学精神》，上海：东方出版中心 1991 年版，尤其参见第三章《中西哲学的融合》。

接的关系是所有复杂关系的表征，反映了所有联动互系的根本，理解这对关系的性质可以帮助我们了解复杂社会关系的实质。中庸辩证法对元关系的基本表述是"和谐"，亦即差异体的适切合作。中庸辩证法是在和谐关系中来理解阴阳关系的。和谐并非没有差异，恰恰相反，和谐是以差异为前提的。不同的音符才能合奏出一曲美妙的乐曲，和谐原本就是在差异中才能实现的，同质状态中永远没有和谐的空间，一切试图实现同质化的努力也必然是没有结果的。

这种方法为我们理解合作与冲突提供了基础。中庸辩证法并不是认为冲突不存在，而是把冲突作为和谐化过程中的必要环节，进而，经过调试和管理的竞争与冲突是实现和谐过程中不可缺少的成分，也就是说，和谐是通过中庸式包容和互系变通来实现的，[①] 达成和谐也就是实现了生命的最高形式。使用中庸辩证法可以为在国际社会中看上去的对立提供另一种解释。例如，东方与西方、基督教与伊斯兰教、发达国家与发展中国家，它们之间的关系也可以这样来理解。这种认识论原理甚至可以超越社会关系而涉及其他关系，比如人与自然的关系。人类与自然的合作，而非人类征服自然，会为人与自然都带来益处，产生二者间的和谐和共同进化。达尔文"适者生存"的自然选择进化理论往往被国际关系学界理解为霍布斯丛林法则，但是如果换一个角度，从物种方面去理解，则恰恰是物种主动与自然合作的一种进化理论。

中庸辩证法强调关系的非冲突性，为过程视角提供了发展空间。过程视角把过程中的事物联系在一起，通过化解对立与冲突向

---

① 田辰山：《中国辩证法：从〈易经〉到马克思主义》，北京：中国人民大学出版社2008年版。

和谐进化。它不是正题与反题的关系，而是共题的关系，通过包容与和谐化过程产生新的合题。规范与制度、文明与文化犹如共题一样，在开始交往的时候有着明显的差异，通过在一个和谐的过程中互动，逐渐融合，生成新的合题。共同进化可以也必然在不预设同质化的条件下产生，在不同生命体或是文化体保持原有特征的情况下形成新的生命合体。在这个意义上，关系理论是在多样与多元的世界中理解国际政治的一种新的世界观。

四、简短的结语

笔者提出以关系性为理论硬核要素的关系理论，是试图填补当今国际关系理论研究议程中的一个空白。关系理论既包含中华文化的鲜明胎记，也强调了关系性在人类社会中的普适性意义；既表现中华文化的实践性知识结晶，也以中庸辩证法为基础强调了各种文化和文明之间互补和融合的可能。关系理论不是要取代任何一种现有理论，而是要提出现有理论由于其文化和实践基础的局限无法想到和不可能设定的问题和议程。关系理论与理性理论形成了鲜明的对比，但又承认理性的重要意义，进而从关系性角度提出"关系理性"，对其进行认真思考和研究。随着中国国际关系研究的发展，不同的议程和创新相继出现，共同为中国学派做出了贡献，国际政治关系理论只是其中的一种。

当前中日经济关系的困境与出路[*]

江瑞平[**]

中日两国互为最重要的经贸伙伴，双边经贸关系在双方对外经济关系和国内经济发展中的地位举足轻重。中日分别作为世界第二、第三和地区第一、第二大经济体，两国经济发展态势和双边经济关系走势如何，对世界和地区经济稳定与发展影响巨大。2012年9月日本政府"购买"钓鱼岛，导致中日政治关系急剧恶化。政治关系持续恶化，导致中日经济关系严重萎缩，陷入困境，并对两国经济发展造成严重影响。尽管从2014年11月亚太经合组织第22次领导人非正式会议（北京APEC会议）前后，中日政治关系开始走出谷底、逐步转暖，中日经济关系却仍未能够走出困境，以致形成目前这种令人担忧的"政温经凉"局面。尽快推动中日经济关系走出困境，实现经济关系与政治关系的同步回暖和良性互动，是摆在两国政府及相关各界面前的紧要任务。

---

    * 本文发表于《日本学刊》2016年第1期。

  ** 江瑞平，外交学院副院长、教授、博士生导师。

一、中日经贸关系严重萎缩及其影响

走出 2008—2009 年国际金融危机和经济衰退的阴影之后，中日经济关系一度出现快速回复和全面发展的势头。2010 年中日双边贸易增长了 30.2%，比 2009 年（-14.2%）提升了 44.4 个百分点，2011 年仍保持了 15.1% 的快速增长之势。[①] 2010 年日本对华直接投资也开始缓慢恢复，实际使用金额出现了 3.04% 的正增长，2011 年形成强劲增长势头，实际使用金额比上年猛增了 49.65%，2012 年仍保持了 16.26% 的高增长。[②] 其他层面的中日经济合作也呈现出全面展开、快速推进之势，包括中国对日直接投资逐步展开，中日节能环保合作持续推进，尤其是双方财政金融合作空前加强，如启动双边货币直接交易、增大国债互购规模等。至 2012 年 5 月北京中日韩领导人会议前后，中日经济关系的新一轮快速发展达到高潮，会议期间三国正式签署了《中日韩投资协定》，正式宣布启动"中日韩自贸区"谈判。按此趋势，中日经济关系在两国政府的强力政治推动下，似应进入一个全新的快速发展、全面推进时期。

令人遗憾的是，2012 年 9 月，野田内阁宣布政府"购买"钓鱼岛，引起中方强烈抗议和正当反制，中日政治关系急剧恶化，直至 2014 年 11 月北京 APEC 会议前后，才开始显现转圜势头。在此期

① 参见商务部亚洲司《综合数据》，http：//yzs. mofeom. gov. cn/article/g/date/？2，2015-10-18。

② 参见商务部外国投资管理司《中国投资指南》，《利用外资快讯》，http：//www. fdi. gov. cn/bbsinfo/s_33_0_4. html？style，2015-10-18。

间，不仅中日双边首脑会晤中断，其他层面的官方合作机制也几乎全部停止，包括中日韩领导人会议、中日高层经济对话等，直至正部级以上的政府官员也鲜有正式交往。值得关注的是，无论是在多边、区域，还是在双边层面，当代国际关系发展的重要趋势，是政治关系与经济关系之间的交叉、融合与互动日趋强烈。政治关系的持续恶化，势必要对经济关系造成严重冲击。尤其是对政治或政府主导色彩更加浓重的中日经济关系，"购岛"导致的双边政治关系持续恶化，对其造成的冲击更为严重。其主要表现，至少集中于如下几大层面。

（一）双边贸易持续萎缩

"购岛"之后政治关系持续恶化对中日经济关系的严重冲击，首先通过双边贸易的持续萎缩显现出来。如表1所示，按中方统计，2012 年对日贸易增长率比 2011 年下降达 19 个百分点，由 15.1% 降至 -3.9%，其中自日进口更出现 8.6% 的负增长。2013 年下降幅度进一步加大，对日贸易、自日进口和对日出口分别出现 5.13%、8.73% 和 0.9% 的负增长。2014 年降幅一度有所缩小，而到 2015 年重又显现前所未有的萎缩局面。2014 年，中国对日贸易、对日出口和自日进口的增长率分别为 -0.02%、-0.54% 和 0.46%，2015 年 1—10 月又巨幅扩大至 -11.19%、-9.48% 和 -12.75%。①

————————

① 参见商务部亚洲司《综合数据》，http：//yzs. mofcom, gov. cn/article/g/dme/？2，2015-12-04。

表 1　中国对日贸易变化　　　（单位：亿美元,%）

年份	贸易总额	增长率	出口额	增长率	进口额	增长率	贸易平衡
1989	146.63	81.47	81.47	1.80	65.16	-11.21	16.31
1990	129.27	-11.84	88.71	8.89	40.55	-37.77	48.16
1991	202.83	22.30	102.52	13.9	100.31	32.2	2.21
1992	235.80	25.1	116.99	14.4	136.8	36.3	-19.81
1993	390.30	53.80	157.80	35.1	232.5	69.9	-74.70
1994	478.90	22.70	215.70	36.70	263.20	13.20	-47.50
1995	574.60	17.99	284.60	31.90	290.05	10.20	-7.20
1996	600.58	4.50	308.70	8.4	291.80	0.60	16.9
1997	608.58	1.20	318.20	3.0	289.93	-0.60	28.27
1998	578.99	-4.80	296.62	-6.70	282.07	-2.70	14.85
1999	661.67	14.20	323.99	9.2	337.68	19.40	-13.69
2000	831.70	25.70	416.5	28.5	415.10	22.90	1.40
2001	877.54	5.50	449.58	7.9	427.97	3.1	21.6
2002	1018.89	16.1	484.32	7.73	534.57	27.24	-51.0
2003	1335.74	31.1	594.26	22.7	741.51	38.7	-147.0
2004	1678.86	25.7	735.14	23.7	943.72	27.3	-208.58
2005	1844.43	9.9	839.92	14.3	1004.52	6.5	-164.6
2006	2073.56	12.5	916.39	9.1	1157.17	15.2	240.8
2007	2360.22	13.8	1020.71	11.4	1339.51	15.8	-318.79
2008	2667.9	13.0	1161.3	13.8	1506.5	12.5	-345.2
2009	2288.5	-14.2	979.1	-15.7	1309.4	-13.1	-330.3
2010	2977.7	30.2	1210.6	23.7	1767.1	35.0	-556.5
2011	3429.9	15.1	1483.0	22.5	1945.9	10.1	-462.9
2012	3294.5	-3.9	1516.4	2.3	1778.1	-8.6	261.7
2013	3125.5	-5.13	1502.8	-0.9	1622.7	-8.73	-119.9
2014	3124.38	-0.02	1494.42	-0.54	1629.96	0.46	-135.54

资料来源：中国《海关统计》各年第 12 期。

　　日方统计与中方统计大致呈同一趋势。如表 2 所示，2011 年日

表2　日本对华贸易变化　　（单位：百万美元,%）

年度	日本对华出口		日本从华进口		贸易总额	
	金额	增长率	金额	增长率	金额	增长率
1991	8593	40.2	14216	17.9	22809	25.4
1992	11949	39.1	16953	19.3	28902	26.7
1993	17273	44.6	20565	21.3	37838	30.9
1994	18682	8.2	27566	34.0	46248	22.2
1995	21931	17.4	35922	30.3	57853	25.1
1996	21890	−0.2	40550	12.9	62440	7.9
1997	21785	−0.5	42066	3.7	63851	2
1998	20022	−8.1	36896	−12.3	56917	−10.9
1999	23336	16.6	42880	16.2	66216	16.3
2000	30428	30.4	55303	29.0	85731	29.5
2001	31091	2.2	58105	5.1	89195	4.0
2002	39866	28.2	61692	6.2	101557	13.9
2003	57219	43.5	75193	21.9	132412	30.4
2004	73818	29.0	94227	25.3	168045	26.9
2005	80340	8.8	109105	15.8	189445	12.7
2006	92852	15.6	118516	8.6	211368	11.6
2007	109060	17.5	127643	7.7	236640	12.0
2008	124035	13.7	142337	11.5	266372	12.5
2009	109630	−11.6	122545	−13.9	232176	−12.8
2010	149086	36.0	152801	24.7	301887	30.0
2011	161467	8.3	183487	20.1	344955	14.6
2012	144686	−10.4	189019	3.0	333704	−3.3
2013	129883	−10.2	182112	−3.7	311995	−6.5
2014	162686	0.3	180996	0.1	343682	−0.3

资料来源：日本貿易振興機構「貿易統計 日本のドル建て貿易概況」、http：//www.jetro.go.jp/world/statistics.html、2015−12−04。

本对华贸易增长率曾高达 14.6%，2012 年即下降至-3.3%，2013 年降幅进一步扩大至-6.5%，2014 年虽缩小至-0.3%，2015 年 1—10 月又进一步扩大至-15.8%，其中对华出口下降 9.7%，自华进口下降 21.9%。中日贸易在规模萎缩的同时，发展失衡问题也不断加剧。尤其是从日方统计看，2012—2014 年，日本对华贸易不仅连年逆差，分别达 443 亿美元、523 亿美元和 550 亿美元，且逆差规模呈快速增大之势，增长率分别达 101.4%、18.1% 和 5.2%。日本对华贸易逆差与其出口总额之比，亦由 2012 年的 30.6% 大幅攀升至 2014 年的 43.3%。[①]

（二）双向投资剧烈波动

"购岛"之后政治关系恶化对中日经济关系的严重冲击，在相互投资领域显现得要稍晚一些，但发展态势要比双边贸易更加严峻。尤其是日本对华直接投资的急剧减少，越来越成为中日经济关系深陷困境的集中表现。从 2011 年起，日本对华直接投资彻底摆脱此前国际金融危机和经济衰退的消极影响，开始呈现快速增长势头，2011 年实际使用金额比上年增长 49.7%，达到 63.5 亿美元。2012 年仍旧保持这一势头，实际使用金额又增长了 16.3%，达到 73.8 亿美元。但同期政治冲击的影响开始显现，协议金额已经开始减少，到 2013 年实际使用金额开始减少，出现 4.3% 的负增长。2014 年冲击效果全面显现，实际使用金额出现了 38.7% 的负增长，

① 日本贸易振兴机構「貿易統計 日本のドル建て貿易概況」、http：//www. jetro. go. jp/world/statistics. htm]、2015-12-04。

跌回至 43.3 亿美元。(参见表 3) 进入 2015 年，日本对华直接投资急剧下滑的势头仍未改变，1—10 月实际使用金额只有 27.6 亿美元，比上年同期 (36.9 亿美元) 减少了 25.2%。[①]

值得注意的是，目前正值中国对外直接投资的快速增长与全面拓展时期，2002—2013 年 12 年间，中国对外直接投资的年均增长率高达 39.8%，2014 年和 2015 年 1—8 月增长率仍分别达到 14.1% 和 18.2%。[②] 但受政治及其他因素影响，中国对日直接投资却依旧处于低迷状态，规模极为有限，增长极其缓慢。这同时也意味着，在中日经济关系的传统两大支柱——双边贸易和日本对华直接投资——严重萎缩的背景下，中国对外直接投资作为中国对外经济关系的新兴支柱，却并未能为中日经济关系发展撑起一片新的蓝天。

表 3　日本对华直接投资

年份	项目数		协议金额		实际使用金额	
	件	增长率 (%)	亿美元	增长率 (%)	亿美元	增长率 (%)
1979—1985	211	—	12.3	—	8.3	—
1986	94	—	2.1	—	2.0	—
1987	113	20.2	3.0	42.9	2.2	10
1988	237	109.7	2.8	-6.7	5.2	136
1989	294	24.1	4.4	57.1	3.4	-35
1990	341	16.0	4.6	4.5	5.0	47
1991	599	75.7	8.1	77.7	5.3	6.0

---

① 参见商务部外国投资管理司《中国投资指南》,《利用外资快讯》, http：//www.fdi. gov. cn/1800000121_33_5407_0_7. html, 2015-12-04。

② 参见商务部对外投资和经济合作司《统计数据》, http：//hzs. mofcom, gov. cn/article/date/?《中国对外投资合作发展报告 2014》, 第 11 页, http：//fec. mofcom. gov. cn/uploadfile/duiwaitouzihezuofazhanbaogao2014. pdf, 2015-10-19。

年份	项目数		协议金额		实际使用金额	
	件	增长率（%）	亿美元	增长率（%）	亿美元	增长率（%）
1992	1805	201.3	21.7	167.9	7.1	34.0
1993	3488	93.2	29.6	36.4	13.2	85.9
1994	3018	−13.5	44.4	50.0	20.8	57.6
1995	2945	−2.4	75.9	70.9	31.1	49.5
1996	1742	−40.9	51.3	—32.4	36.8	18.3
1997	1402	−19.5	34.0	−33.7	43.3	17.7
1998	1188	−15.3	27.0	−20.6	31.6	−27.0
1999	1167	−1.8	25.9	−4.1	29.7	−6.0
2000	1614	38.3	36.8	42.1	29 2	−1.7
2001	2019	25.1	54.2	47.3	43.5	49.0
2002	2745	37.0	53.0	−1.9	41.9	−8.9
2003	3254	18.5	79.6	50.2	50.5	20.6
2004	3454	6.1	91.6	15 2	54.5	7.9
2005	3269	−5.4	119.2	30.1	65.3	19.8
2006	2590	−20.8	99.1	−16.9	46.0	−29.6
2007	1974	−23.8	—	—	35.9	−22.0
2008	1438	−27.2	—	—	36.5	1.7
2009	1275	−11.3	—	—	41 1	12.4
2010	—	—	—	—	42.4	3.0
2011	—	—	—	—	63.5	49.7
2012	—	—	—	—	73.8	16.3
2013	—	—	—	—	70.6	−4.3
2014	—	—	—	—	43.3	−38.7

资料来源：中国商务部：《中国商务年鉴》各年版。

（三）经贸合作全面停滞

受政治关系持续恶化冲击最严重的，是与政治关系直接相关、由官方主导的一系列经贸合作机制。其中层级最高的，是"中日经济高层对话"机制。该机制于2007年时任国务院总理温家宝访日时正式启动，此后轮流在中日两国举行。温总理在启动会议讲话中明确指出："中日经济高层对话机制的启动，标志着中日经济合作将被提高到更高水平。对话机制的主要任务，一是交流两国经济发展战略和宏观经济政策，加深相互了解；二是协调跨部门经济合作事宜，探讨合作中相互关切的重大问题；三是加强在重大地区及国际经济问题上的政策沟通，促进两国更广领域的合作。"不难看出，该机制在中日经贸关系发展中担当着统筹规划、高层协调和总体推动的重任，是在经济层面构筑中日战略互惠关系的中枢系统。该机制启动以来，在中日经济关系发展中发挥了重要的统领作用，取得了一系列重大成果，尤其是历次对话均要签署一大批成果文件。①但直接受政治关系持续恶化的影响，该机制中断后迄今仍未恢复。与此同时，中日双方在节能环保、财政金融、农业粮食、中小企业等经济领域，还有一系列重要合作机制，同样也因"岛争"导致的政治关系持续恶化而长期中断。

---

① 参见江瑞平《论中日战略互惠关系的经济含义》，《日本学刊》2007年第4期。

（四）经济后果非常严重

对外经贸关系对中日两国经济发展至关重要，中日经济关系在两国对外经贸格局中地位举足轻重。政治关系持续恶化导致中日经济关系深陷困境，已对中日两国经济发展造成严重影响。对华经济关系在日本对外经贸格局中占据重要地位，迄今中国仍是日本第一大贸易对象国。2015 年上半年对华贸易占日本外贸总额的比重高达 20.6%，比占第二位的欧盟和第三位的美国分别高出 5.2 个和 5.5 个百分点。① 上述对华贸易尤其是对华出口的严重萎缩，已对日本对外贸易进而对日本经济发展造成严重冲击和影响。如在 2015 年第二季度，日本实际国内生产总值（GDP）增长率为 -0.3%，完全是因净出口萎缩所致（贡献率为 -0.3%），而此期间日本出口的减少，也在很大程度上是因对华出口急剧减少所致。② 同期日本出口总额减少了 9.8%，而对华出口则减少了 12.4%，对华出口减少在日本出口减少总额中占到 23.7%，或者说，2015 年第二季度日本出口减少，从而导致经济出现负增长的 23.7%，是因对华出口减少所致。③

在双边经济关系萎缩对双方经济发展的影响上，长期存在一种认识误区，认为一旦中日经济关系出现问题，对日本经济的冲击要

① 日本贸易振兴機構『2015 年上半期の日中贸易』、2015 年 5 月 18 日、https：//www.jetro. go. jp/news/releases/2015/912f44ea83f5d20d，html、2015-10-19。

② 内閣府「2015 年 7—9 月期・1 次速報」、2015 年 9 月 8 日、http：//www. esri. cao. go. jp/jp/sna/data/data_list/sokuhou/gaiyou/gaiyou_top. html、2015-09-19。

③ 日本贸易振兴機構「ドル建て贸易概況」、http：//www. jetro，go. jp/world/japan/stats/trade. html、2015-10-19。

远比对中国经济的冲击更加严重。依据是，中日经济关系在日本对
外经济关系中的地位要比在中国对外经济关系中的地位更高，或曰
"日本更加依赖中国"。如在 2014 年，对华贸易占日本外贸的比重
高达 20.5%，而对日贸易占中国外贸的比重仅有 7.3%，即日本对
华贸易依赖，要相当于中国对日贸易依赖的 2.8 倍。如此判断之所
以是一种误区，至少存在两大层面的问题：一是即便只考虑中国外
贸对日本的依赖，也不能仅用上述数据（对日贸易占比 7.3%）来
衡量，比如在中国与日本以外国家和地区的贸易关系中，也有很大
比重是由日本在华投资企业承担的。在中日经济相互依存早已达到
"你中有我、我中有你" 的状态下，简单使用相互贸易占比，已远
远不能全面描述两国经济相互依存的实际程度。二是即便仅用上述
数据，能够表明中日贸易的相互依赖格局，也不能以此来证明中日
经济的相互依存的实际程度。因为，中国经济对外贸的依赖程度
（即外贸依存度），要比日本经济对外贸的依赖程度高出许多。如在
2014 年，中国经济的外贸依存度（对外贸易占 GDP 比重）高达
41.5%，而日本经济的外贸依存度仅有 32.7%，中国相当于日本的
1.27 倍！[①] 这意味着，尽管中日双边贸易在中国外贸中的比重明显
低于日本，但因中国经济的外贸依存度明显高于日本，一旦包括中
日贸易在内的对外贸易出现问题，对中国经济的影响会比日本更加
严重。

---

① 外務省「主要経濟指標」、2015 年 11 月、http：//www.mofa.go.jp/mofaj/area/ecodata/、
2015-12-06。

二、贸易投资转移效应显现及其成因

导致当前中日经济关系深陷困境的背景和原因颇为复杂，但大致仍可从两大层面予以观察：一是"一般"层面，二是"特殊"层面。前者主要关注全球经济回升整体乏力、国际贸易投资总体疲弱，中日双方经济发展和对外经贸关系总体停滞等"一般"性背景和原因，对中日经济关系产生的"一般"性影响；后者则主要关注中日政治关系持续恶化、美国全力推进 TPP 对中日经济关系的分化等"特殊"性背景和原因，对中日经济关系产生的贸易投资转移效应。

前一层面的"一般"性背景和原因值得关注。世界经济 2009 年降至金融危机的谷底，2010 年显现强劲回升势头，实际 GDP 增长率一度达到 5.4%。但欧债危机爆发并不断发酵，对世界经济回升造成严重阻碍和冲击。世界经济失衡重新加重、贸易保护主义愈演愈烈、地缘政治冲突持续激化等因素，也成为世界经济回升受挫的重要因素。到 2011 年，世界实际 GDP 增长率即降至 4.2%，2012 年、2013 年和 2014 年更分别降至 3.4%、3.3% 和 3.4%，2015 年预计将进一步降至 3.1%。受经济回升乏力直接影响，世界贸易增速同期明显放缓，2010 年曾一度回升至 12.5%，2011—2014 年已分别下降至 6.7%、2.9%、3.3%、3.3%，2015 年预计将进一步降至

3.2%。[1] 而且，世界贸易增长速度低于经济增长速度，还是二战以后从未有过的新现象。世界经济回升整体乏力、国际贸易投资总体疲弱，对中日两国经济发展和对外经济关系的总体影响颇为明显。加之在两国各自的经济发展和对外经济关系中也存在各种问题，以致严重影响了两国对外经济关系的总体发展。2011—2014 年，日本的实际 GDP 增长率分别仅为-0.5%、1.7%、1.6%和-0.1%，2015 年预计也仅有 0.6%。与之相应，日本的对外贸易也呈急剧萎缩之势，2010 年增长率曾一度高达 28.7%，2011 年降至 14.8%，2012 年再降至 1.0%，2013 年和 2014 年分别出现 7.2%和 3.0%的负增长，2015 年上半年更降至-14.8%。[2] 中国的实际 GDP 增长率也呈连年递降之势，2010 年尚有 10.6%，2011—2014 年已分别降至 9.5%、7.7%、7.7%和 7.3%，2015 年可能降至 6.8%。近年中国对外贸易总体上也呈明显萎缩之势，2010 年中国对外货物贸易增长速度曾高达 34.7%，2011 年开始下降至 22.5%，2012 年、2013 年和 2014 年已分别骤降至 6.2%、7.6%和 3.5%，2015 年 1—9 月更出现了 8.1%的负增长。[3] 中日双方经济发展与对外贸易投资关系的这种总体疲弱态势，必然会对双方经济关系的发展产生不容忽视的消极影响。

---

[1] IMF, *World Economic Outlook*, October 2015, pp. 168, 181, http：//www.imf.org/external/pubs/ft/weo/2015/02/，2015-11-02.

[2] 日本贸易振兴机构「贸易统计 日本のドル建て贸易概况」、http：//www.jetro.go.jp/world/statistics，html、2015-11-02。

[3] 参见商务部亚洲司《综合数据》，http：//yzs.mofcom.gov.cn/article/g/，2015-11-02。

表 4　中国和日本的实际 GDP 增长率　　　　（单位:%）

	平均值 （1997— 2006 年）	2007 年	2008 年	2009 年	2010 年	2011 年
中国	9.4	14.2	9.6	9.2	10.6	9.5
日本	6.9	2.2	-1.0	-5.5	4.7	-0.5
	2012 年	2013 年	2014 年	2015 年	2016 年	2020 年
中国	7.7	7.7	7.3	6.8	6.3	8.3
日本	0.7	1.6	-0.1	0.6	1.0	0.7

注：2015 年、2016 年和 2020 年的数据为预测值。

资料来源：IMF, *World Economic Outlook*, October 2015, pp. 168, 181, http：//www. imf. org/external/pubs/ft/weo/2015/02/，2015-11-02。

后一层面的"特殊"性背景和原因更应高度关注。近年在中日两国的对外经贸关系中，的确显现出多层面的贸易投资转移效应，其主要表现及其成因如下：

（一）日本外贸格局中重现"亲美远华"倾向

中日双边贸易始终是中日经济关系的最重要支柱。近年中日经济关系中显现的贸易投资转移效应，充分体现在日本对外贸易格局的变化之中。其突出表现，是长期存在于日本外贸格局中的"亲华远美"即中国地位上升而美国地位下降趋向，近年出现了相反变化——中国地位重新下降而美国地位再度上升，我们可将之称为"亲美远华"倾向。中美两国是日本最大的两个贸易伙伴，而各自在日本外贸格局中的地位则呈显著变化、此消彼长之势。其中一些重要动向颇值关注，尤其是在日本出口贸易格局的变化中。

美国曾是日本最大的进口来源国、贸易伙伴国和出口对象国。而中国继 2002 年取代美国成为日本第一大进口来源国、2007 年取代美国成为日本第一大贸易伙伴国之后，2009 年又取代美国成为日本的第一大出口对象国。从数据来看，直到 2000 年，对美出口在日本出口总额中所占的比重仍高达 29.7%，对华出口所占的比重仅为 6.3%；到 2005 年，对美出口占比下降至 22.6%，对华出口占比上升至 13.4%；到 2009 年，中国首次超过美国成为日本的第一大出口对象国，对美出口占比下降至 16.1%，而对华出口占比却攀升至 18.9%。再到 2011 年，对美出口占比进一步下降至 15.3%，而对华出口占比则攀升至 19.7%，比对美出口占比高出 4.4 个百分点。但此后却出现了相反态势，对美出口占比重又转降为升，到 2013 年升至 18.5%，重新超过对华出口占比，美国再度夺回了日本第一大出口对象国的地位，而对华出口占比却又转升为降，到 2013 年降至 18.1%，再度失去了日本第一大出口对象国的地位。2015 年 1—10 月，日本对美和对华出口占比分别为 19.9% 和 17.4%，对美出口占比比对华出口高出 2.5 个百分点。① 日本出口结构的如此显著变化，充分证明在近年日本的对外贸易格局中，重又显现出引人注目的"亲美远华"倾向，日本对外贸易的重心重新由中国向美国转移。

---

① 日本貿易振興機構「貿易統計 日本のドル建て貿易概況」、http：//www.jetro.go.jp/world/statistics.html、2015-11-02、2015-12-06。

表5　中国和美国在日本对外贸易中的占比　　（单位:%）

出　口								
年份	1990	1991	1992	1993	1994	1995	1996	1997	1998
美国	31.5	29.1	28.2	29.2	29.7	27.3	27.2	27.8	30.5
中国	2.1	2.7	3.5	4.8	4.7	5.0	5.3	5.2	5.2
年份	1999	2000	2001	2002	2003	2004	2005	2006	2007
美国	30.7	29.7	30.0	28.5	24.6	22.5	22.6	22.5	20.1
中国	5.6	6.3	7.7	9.6	12.2	13.1	13.4	14.3	15.3
年份	2008	2009	2010	2011	2012	2013	2014		
美国	17.6	16.1	15.4	15.3	17.6	18.5	18.6		
中国	16.0	18.9	19.4	19.7	18.1	18.1	18.3		
进　口								
年份	1990	1991	1992	1993	1994	1995	1996	1997	1998
美国	22.3	22.5	22.4	23.0	22.8	22.4	22.7	22.3	23.9
中国	5.1	6.0	7.3	8.5	10.0	10.7	11.6	12.4	13.2
年份	1999	2000	2001	2002	2003	2004	2005	2006	2007
美国	21.6	19.0	18.1	17.1	15.4	13.7	12.4	11.8	11.4
中国	13.8	14.5	16.5	18.3	19.7	20.7	21.0	20.5	20.6
年份	2008	2009	2010	2011	2012	2013	2014		
美国	10.2	10.7	9.7	8.7	8.6	8.4	8.8		
中国	18.8	22.2	22.1	21.5	21.3	21.7	22.3		

资料来源：日本貿易振興機構「貿易統計　日本のドル建て貿易概況」、http://
www.jetro.go.jp/world/statistics.html、2015-11-02。

(二) 日本对外投资重心由中国向外转移

　　日本对华直接投资始终是中日经济关系的另一个重要支柱。中日经济关系中近年显现的贸易投资转移效应，也充分体现在日本对外直接投资格局的变化之中。其集中表现，是日本对外直接投资的重心，越来越从中国大陆转出，而转向中国大陆以外的其他地区，尤其是东盟地区。近年中国与东盟在日本对外直接投资布局中地位和比重的消长，即可充分证明这一判断。如依据日本财务省和日本银行的《国际收支统计》，在 2010 年、2011 年和 2012 年，日本对东盟的直接投资与对中国大陆的直接投资规模大致相当，前者分别相当于后者的 1.2 倍、1.2 倍和 1.1 倍，而到 2013 年、2014 年和 2015 年第一季度，日本对东盟直接投资已分别相当于对中国大陆直接投资的 2.6 倍、3.0 倍和 2.3 倍。正是基于这一观察，日本贸易振兴机构认为，日本对外直接投资重心由中国向东盟的转移，在 2013 年以后已成为稳定的趋向。[①]

日本对外直接投资重心由中国向外转移的趋向，从日本企业拓展海外业务的意向选择变化中，亦可得到明证。如据日本国际协力银行就日本制造业企业海外事业发展进行的调查，在未来三年有意扩展海外业务的企业的国别选择中，2012 年度调查对象企业为 514 家，其中选择中国的达 319 家，占比高达 62.1%，高居第一位，排在第二至第五位的依次是印度（290 家，占比 56.4%）、印度尼西亚（215 家，占比 41.8%）、泰国（165 家，占比 32.1%）、越南（163 家，占比 31.7%）。而到 2013 年度，调查对象企业变为 488 家，其中选择中国的只有 183 家，占比骤降至 37.5%，排位则降至第四位，排在第一至第三位的依次为印度尼西亚（219 家，占比 44.9%）、印度（213 家，占比 43.6%）、泰国（188 家，占比 38.5%），排在中

---

①　日本貿易振興機構『世界貿易統計報告』、2015 年、28—30 頁。

国之后的是越南（148 家，占比 30.3%）。[1]

（三）日本在中国对外经济格局中地位下降

更加引人注目的是，在中国对外经贸格局中，对日经贸关系所占比重和地位亦呈快速下降之势。先从对日贸易占中国外贸总额的比重看，2010 年尚为 10.01%，2011—2014 年依次降至 9.41%、8.52%、7.51% 和 7.26%，2015 年 1—9 月更降至 7.13%，比 2010 年下降了 2.88 个百分点。日本曾经是中国第一大贸易伙伴国，到 20 世纪 90 年代即已被欧盟和美国先后超过，降至第三位。而到近期更加值得关注的，一是 2011 年日本又被东盟超过降至第四位；二是按目前趋势发展下去，2015 年日本很可能再度被韩国超过，降至第五位。直到 2010 年，中国对日和对韩贸易分别为 2977.7 亿美元和 2071.7 亿美元，对韩贸易仍仅相当于对日贸易的 69.9%，而到 2015 年 1—10 月，中国对日和对韩贸易分别为 2299.1 亿美元和 2248.9 亿美元，对韩贸易已经相当于对日贸易的 97.8%，赶超之势极其迅速。[2]

这一趋向之所以值得特别关注，主要是因为，被欧美超越不足为奇，因为这两大经济体的体量本来就明显大于日本，2014 年日本 GDP 分别仅相当于欧盟和美国 GDP 的 24.9% 和 26.4%（按名义汇

---

① 国际協力銀行『わが国製造業企業の海外事業展開に関する調査報告 2013 年度海外直接投資アンケート調査結果（第 25 回）』、2013 年、http://www.jbic.go.jp/ja/information/press/press-2013/1129-15775、2015-11-03。

② 参见商务部亚洲司《综合数据》，http://yzs.mofcom.gov.cn/article/g/，2015-12-06。

率计算），而东盟和韩国的经济体量则明显小于日本，2014 年韩国的 GDP 仅相当于日本的 30.7%，东盟的经济体量则大致与韩国相当，但这两大经济体在中国对外贸易格局中的地位却已经或有望超越日本，本身即可证明在中国的周边经济布局中，的确已出现了从日本向韩国、东盟转移的明显趋向。[①] 同时，在近年中国引进外来直接投资结构中，也出现了日资占比下降的明显趋向。如在 2012 年，日资占中国实际使用外来直接投资总额的比重仍高达 6.61%，2013 年降至 6.01%，2014 年更降至 3.62%，2015 年 1—9 月再降至 2.68%，比 2012 年降低了近 4 个百分点。[②]

(四) 引发贸易投资转移效应的主要因素

近年在中日两国对外经贸关系中显现的上述贸易投资转移效应，是多种因素综合作用的结果。(1) 双边政治关系的恶化。无论是中日两国的对外经济关系，还是中日之间的双边经贸关系，受政治因素的影响十分明显。没有两国政府的积极推动，无论是双边贸易，还是双向投资，以及其他层面的经济合作，都难以顺利展开和全面推进。而当两国政府由于政治关系的恶化难以有效协调合作时，必然要将本来可在中日之间实现的经济合作需求，转向其他经济合作伙伴。(2) 双方经济形势的变化。如前文所述，中日两国经济近来都处于明显的疲弱状态，各自市场需求和投资机会明显缩小，促使两国企业都不得不在双方之外，寻求更大的市场和投资机

---

① 外务省「主要経済指標」、2015 年 8 月。

② 参见商务部外国投资管理司《中国投资指南》，《利用外资快讯》，http：//www.fdi.
gov.cn/bbsinfo/s_33_0.html? style，2015－11－03。

会，由此必然通过贸易转移效应反映出来。（3）第三方因素的影响。在这方面最应关注的是，美国通过 TPP 等途径增强与日本的经济合作力度，也在中美日三边经济关系之间产生了明显的转移效应，原有的经贸合作和经贸关系越来越由中日之间向美日之间转移。应该高度关注的是，TPP 虽已达成协议，但尚未开始落实，就已经在日本外贸格局中造成明显的"亲美远华"效应，而当其全面实施之后，这一效应势必进一步增大。TPP 对中国对外经济关系的冲击，在中日经济关系中极有可能率先显现出来。

三、推动中日经济关系走出困境：实现经济互利与政治互信良性互动

尽管相互依存程度有所降低，但中日两国仍然互为最重要的经贸伙伴，双边经济关系对双方经济发展的影响依然不容忽视。中国和日本分别作为世界第二、第三大经济体，肩负着共同促进世界经济稳定与发展、繁荣的重任。在当前中日政治关系回暖的背景下，尽快推动中日经济关系走出困境，实现经济互利与政治互信的同步恢复和良性互动，是摆在中日两国政府和社会各界面前的紧要任务。

（一）关注现实：经济互利与政治互信相悖

理论上讲，经济基础决定上层建筑，经济互利促成政治互信，二者应该是相互一致、并行不悖的。但在现实中，经济互利却未必

一定能够促成政治互信，经济互利而政治对立的事例比比皆是。在中日双边关系中，在中日韩三方合作中，在东亚或亚洲、亚太区域合作中，这种现象广泛存在，并已产生且仍在产生深广影响。在韩国首尔举行的第六次中日韩领导人会议，在《关于东北亚和平与合作的联合宣言》中明确指出"地区国家经济相互依存与政治安全紧张并存，这种情况必须改变，才能推动地区实现永久和平稳定和共同繁荣，才能坚定推动三国合作向前发展"①。这一方面证明，在当前包括中日韩三方关系和中日双边关系在内的地区格局中，的确存在着经济互利与政治互信相悖的基本态势；另一方面也强调，要实现包括中日韩三方关系和中日双边关系在内的本地区和平、稳定、繁荣与合作，必须改变这种状况，实现经济互利与政治互信的良性互动。

经济互利与政治互信相悖，可有两种基本态势：一是经济关系持续扩展和深化，经济互利和相互依存不断提升，但政治关系却趋于恶化，政治互信严重不足；二是政治关系持续友好和深化，政治互信逐步增强，但经济关系却趋于恶化，以致经济相互依存和互利关系不断弱化。更加重要的是，这两种态势还可以相互转化：当前一种态势，即政治关系恶化达到一定程度时，可能反过来对经济关系造成严重冲击，导致经济关系也趋于萎缩；当后一种态势，即经济关系萎缩达到一定程度时，双方经济的相互依存和互利关系随之弱化，以致损害政治互信的经济基础。而无论哪种态势引发的相互转化，结果都是政治关系与经济关系的恶性互动。在包括中日关系

---

① 《关于东北亚和平与合作的联合宣言》，外交部网站，2015 年 11 月 2 日，http://www.fmprc.gov.cn/web/zyxw/t1310974.shtml，2015-11-03。

在内的现实国际关系体系中，最应予以关注的，就是如何避免陷入这种恶性互动。

（二）追根溯源：中日政治友好的经济基础及其变化

导致中日关系中经济互利与政治互信相悖的因素很多，其中最关键的因素是，以往中日政治友好赖以建立和存续的经济基础发生了根本性变化。在 20 世纪 70 年代，中日政治关系处于最好的"蜜月期"。当时的基本经济格局是，日本在经历了长达 20 年的经济高速增长"奇迹"之后，成为欧美以外的第一个现代化的发达国家，且在 1968 年即明治维新 100 周年之际，超越联邦德国成为资本主义世界第二大经济体，国家繁荣富强。而中国在 70 年代尚未改革开放，长期的政治斗争导致整个国民经济"濒临崩溃"，国家积贫积弱。日本的繁荣富强与中国的积贫积弱，或简称为"日强中弱"，成为当时处于"蜜月期"的中日政治关系友好的客观经济基础。但到后来，尤其是到 90 年代以后，中日两国的经济发展态势出现了逆转。一方面，日本经济因泡沫破灭陷入长达 1/4 世纪的萧条之中，经济实力和国际地位急剧下降；另一方面，中国经济则因改革开放促成长达 1/3 世纪的高速增长，经济实力和国际地位快速提升。如表 6 所示，就按名义汇率计算的 GDP 总量看，在 1990 年中国仅相当于日本的 1/8，到 2000 年中国仍不足日本的 1/4，而到 2005 年中国已达到了日本的 1/2，2010 年中国超过日本，并取而代之成为世界第二大经济体，2014 年中国已相当于日本的 2.25 倍！尤其是在最近不足十年的时间里，由中国经济总量不足日本的 1/2，到日本经济总量不足中国的 1/2，变化如此巨大必然导致多层面的不适应。若按购买力平价（PPP）计算，2014 年中国的 GDP 更已相当于日本的 3.77 倍![1]

表 6　中国与日本经济实力对比变化（CDP）

（单位：亿美元,%）

年份	1980	1985	1990	1995	2000	2005	2010	2014
中国	3037.6	3078.3	3925.1	7319.7	10894.5	22686.2	60395.5	103565.1
日本	10869.9	13845.3	31037.0	53339.3	47309.9	45724.1	54987.2	46024.7
中国/日本	27.9	22.2	12.6	13.7	23.0	49.6	109.8	225.0

资料来源：IMF，*World Economic Outlook Database*，October 2015，http：//www. imf. org/external/pubs/ft/weo/2015/02/weodata/weorept。

中日经济仍然是高度相互依存的，但相互依存地位已经发生了巨大变化，与 20 世纪 80 年代的中国更加依赖日本相比，现在早已是日本更加依赖中国。如目前日本对华贸易依存度（对华贸易占日本外贸的比重）相当于中国对日贸易依存度（对日贸易占中国外贸的比重）的近三倍！中日经济仍然是高度互利的，但与 20 世纪 80 年代主要是中国从对日关系中获取巨大经济利益相比，目前这种局面已发生了根本改变。中日双方必须适应这一巨大变化，以及由此带来的其他层面的相应变化。其中最重要的是，日本政府和社会各界要发自内心地"乐见"和"欢迎"中国经济的快速崛起，而不能把这一态势视为"威胁"，并想方设法地予以遏制。中国政府和社会各

---

[1]　IMF，*World Economic Outlook*，October 2015，p. 147，http：//www. imf. Org/external/pubs/fi/weo/2015/02/，2015-12-16.

界也不应忘记，在中国经济崛起的过程中，日本曾从多层面给予过帮助，尤其不能忘记 20 世纪 80 年代改革开放初期，那段"改革学日本，开放对日本"的重要时期。那时的中日政治关系，仍延续着 70 年代的"蜜月期"。面对着经济发展取得巨大成功的日本，我们在建立社会主义市场经济体制的改革过程中，曾将日本作为学习的主要榜样；我们在开启对外经济开放之路的很长时期，也将日本作为最主要的经贸伙伴。如在 20 世纪 80 年代的许多年份，对日贸易要占到中国对外贸易的 1/4 以上，最高的 1985 年曾一度高达 27.2%！①

(三) 中日关系进入"政温经凉"阶段

从经济互利与政治互信相互影响的角度看，邦交正常化以来的中日关系大致经历了五大发展阶段。

第一阶段是 20 世纪 70 年代，政治关系非常友好，政治高度互信，但由于中国尚未开始改革开放，包括对日经济关系在内的对外经济关系尚未全面展开，中日之间的经济互利和相互依存颇为有限，因而可将这一阶段称为"政热经冷"阶段。

第二阶段是 20 世纪 80 年代，政治关系依然友好，政治互信仍在强化，同时由于中国启动改革开放，且"改革学日本，开放对日本"（如上所述，20 世纪 80 年代中期，对日贸易曾占到整个中国外贸的 1/4 以上），经济关系从而经济互利也得到快速强化，因而可

---

① 参见杨栋梁《日本后发型资本主义经济政策研究》，北京：中华书局 2007 年版，第 505 页。

将这一阶段称为"政经双热"阶段。

第三阶段是 20 世纪 90 年代，尤其是 90 年代中期以后，中日政治摩擦开始出现，政治关系逐步趋冷，但经济关系尚未受到政治因素的强烈影响，仍保持快速推进、全面发展的势头，因而可称将这一阶段称为"政冷经热"阶段。

第四阶段是 21 世纪头 14 年，尤其是 2012 年"岛争"之后，中日政治关系急剧恶化，以致陷入恢复邦交以来的最坏时期。而政治关系的持续恶化，又严重影响到经济关系，经济关系也随之趋冷，因而可将这一阶段称为"政经双冷"阶段。

第五阶段是在目前，具体说在 2014 年 11 月北京 APEC 会议之后，中日政治关系开始逐步升温，直至 2015 年 11 月初恢复中断两年之久的中日韩领导人会议，发表《关于东北亚和平与合作的联合宣言》，但经济关系下滑的局面并未得到扭转，因而可将目前的这一阶段称为"政温经凉"阶段。

（四）借助政治关系转暖，推动经济关系恢复

当前，摆在中日两国政府和有关各界面前的紧要任务，是抓住政治关系逐步转暖的良好契机，借助政府层面的主导作用和引领机制，尽快推动中日经济关系走出困境，实现经济互利与政治互信的良性互动。为此，应该采取的主要举措包括：

第一，尽快恢复中日高层经济对话，并尽可能取得重要成果，发挥其在中日经济关系发展中的统筹规划、高层协调和总体推动的作用。目前，代表中方主导这一机制的商务部，正在进行恢复中日

经济高层对话的协调和议题设计，相信这一机制不久即会重新启动。

第二，加大中日韩自贸区谈判的政治推动，为包括中日双边贸易在内的中日韩三方贸易提供更加自由、便利的体制和制度环境，尽快扭转双边贸易的萎缩势头。同时要进一步落实早已在 2012 年 5 月签署并在三国走完国内程序的投资协定，借助三国加强产能合作的趋势，恢复和扩大三国相互投资。

第三，重新启动和全力推动中日财政金融合作，显而易见，政治和政府在这一领域的合作中发挥着更具决定性的作用。目前，加强中日财政金融合作，既存在强烈需求，也具备有利条件。如日本是全球公共债务负担最重的国家，要保持财政和国债体系的稳定和可持续，需要继续加强中日两国在国债互持层面的合作。再如人民币刚刚加入国际货币基金组织特别提款权（SDR）货币篮子，人民币国际化的步伐大大提速，为中日加强国际货币金融合作提供更加坚实的基础。

第四，中日政治关系的回暖，为双方政策沟通创造了良好环境。政策沟通的恢复，为双方经济关系的转暖提供了强力推动。但中日经济关系的真正主体在民间，包括企业和民众"国之交在民相亲，民相亲在心相通"，这句话在经济关系领域更加重要。没有"心"的相通，货物、资金、设备等"物"的流通很难顺利推进。因此，实现经济互利与政治互信的良性互动，需要实现政策沟通与民心相通的良性互动。为此，需要实现经济合作向民生领域的倾斜，以经济互利促民心相通，形成经济互利—民心相通—政治互信的良性互动。

第五，必须认识到，新一轮中日政治关系的转暖，迄今主要是在区域合作的大框架下实现的。先是 2014 年 11 月的北京 APEC 会议，后是 2015 年 11 月的首尔中日韩领导人会议。这一方面意味着，区域合作框架越来越成为双边关系缓和的重要平台。另一方面也意味着，中日两国作为本地区最大的两个经济体，承载着共同推进地区发展、繁荣、稳定和合作的重任，中日两国屡屡因双边关系处理不好，对地区合作形成阻碍和影响，也严重有损两国的国际和地区形象。而目前最应予以关注的是，中日应该携手推进中日韩自贸区和区域全面经济伙伴关系（RCEP）谈判，为双方贸易投资关系的恢复和发展，创造更加自由和便捷的体制和制度环境。因为迄今在中日之间，尚未能够启动类似的双边框架。

中美在东亚地区的战略分歧与化解[*]

王　帆[**]

近些年，随着美国采取亚太再平衡战略，强化在这一地区的军事和战略部署，调动盟国，激活热点问题，中国不得不相应采取一些反制措施。同时，随着中国特色大国外交的展开，一些积极有力的战略构想开始得到落实，美国对华战略的调整也在酝酿讨论之中。这些政策讨论引发了中美战略界尤其是美国战略界对于中美关系未来走向的种种猜测，而在形势不断变化的态势下，美国对华战略究竟如何调整也是众说纷纭。当前，虽然中美关系在总体上仍然保持稳定，但毋庸讳言，中美之间的战略猜疑和分歧在扩大和加深，且在东亚地区尤为明显。那么，中美在新形势下究竟出现了哪些战略分歧？这些战略分歧因何而起？有哪些新的变化？有可能带来什么影响？应该如何化解或管控？在本文中，笔者结合近期的一些观察和思考尝试回答这些问题。

---

[*]　本文系北京对外交流与外事管理研究基地成果，发表于《外交评论》2015 年第 5 期。
[**]　王帆，外交学院副院长、教授、博士生导师，中国国际关系学会副会长。

一、中美战略分歧

美国对中国战略意图的误读早已有之，近些年有加剧之势。虽然一些论断仍处于兵棋推演的阶段，但其影响不容忽视。由于中美双方自美国"亚太再平衡"战略推出以来出现了相应的战略互动，因而中美战略分歧在东亚地区更为集中和明显。归结起来，一言以蔽之，那就是美国认为中国近年来的政策和行为对美国在东亚地区和亚太地区的主导权构成了挑战。

首先，在东亚出现了中美两国的影响力之争。美国认为中国在本地区影响力的不断上升对美国的影响力优势构成了挑战。近十年来中国与周边国家尤其是东南亚国家的合作，被美国看作是对其在这一地区影响力的削弱和抵消，美国的国家形象在东南亚尤其是东南亚伊斯兰国家族群中更因反恐而出现了负面效应，中国利用美国在反恐战争中无暇东顾的机会，通过一系列的经济合作和安全尝试替代了美国在这一地区的影响力。[①]

其次，美国认为其主导的地区安全秩序面临挑战。从安全层面来看，美国认为中国的所作所为对东亚地区安全秩序正在形成挑战。中国的新亚洲安全观意在挑战美国主导的东亚传统安全秩序。中国主张共同、综合、合作、可持续安全的理念，认为一些国家的

---

① Nirav Patel, "Introduction: The Strategic Environment of U. S. -Sino Relations," in Abraham Denmarkand Nirav Patel, eds., *China's Arrival: A Strategic Framework for a Global Relationship* (Pennsylvania, NW: Center for a New American Security, 2009), pp. 3-18, http://www.cnas.org/files/documents/publications/CNAS%20China's%20Arrival_ Final% 20Report. pdf.

安全不应建立在另一些国家不安全的基础之上。①亚洲安全观虽然还不是具体的政策，但这一主张被认为直指冷战以来形成的美国联盟体系，意在未来改变美国的亚太联盟。②美国在亚太地区的联盟体系一直被视为美国地区主导地位的基石。因而，在政策层面，中国在东亚海洋争端中的一系列合理合法的新举措和新主张、新倡议，包括在东海设定防空识别区、强力反击日本对钓鱼岛的国有化主张、在南海开展 981 钻井平台作业、人工岛礁建设等，均被认为是对美国所主张的"海上航行自由"、对美国的盟国或潜在盟国构成了直接威胁。最近两三年间，中国更相继提出了亚洲特色的治理原则，亦即"亚洲人的事最终将由亚洲人自己解决"，以及"偷运共同体""一带一路"等主张，这些都被美国视为是对其主导的亚太地区联盟体系、亚太地区安全理念和地区安全秩序的直接挑战，甚至有可能是驱使美国离开亚洲的举动。可见，中美两国战略性分歧的焦点在于：究竟是美国试图遏制、抑制或削弱中国，还是中国正试图挑战美国在这一地区的主导地位，如陆克文所说，"美国否认削弱和制约中国，而认为是中国正试图将美国推出亚洲"③。

---

① "安全应该是普遍的。不能一个国家安全而其他国家不安全，一部分国家安全而另一部分国家不安全，更不能牺牲别国安全谋求自身所谓绝对安全。"习近平：《积极树立亚洲安全观共创安全合作新局面——在亚洲相互协作与信任措施会议第四次峰会上的讲话》（2014年 5 月 21 日），http：//news. xinhuanet. com/world/2014--5/21/c_126528981. htm。

② 2014 年 10 月 13 日至 15 日，外交学院与美国进步中心在华盛顿合办的中美中青年学者第二轮战略对话上美国学者的观点。该会议的主题为"未来中美关系互动中的共识与分歧"。参见马妍《未来中美关系互动中的共识与分歧——中美中青年学者第二轮战略对话会议综述》，《外交评论》2014 年第 6 期，第 157—164 页。

③ Kevin Rudd, "U. S. -China 21: The Future of U. S. -China Relations Under Xi Jinping-Toward A New Framework of Constructive Realism for a Common Purpose," http：//belfercenter. ksg. harvard. edu/files/Summary%20Report%20US-China%2021. pdf.

再次，美国认为规则权之争已经显现。从经济层面来看，中国正在形成对美国发挥核心影响的经济秩序和经济规则的挑战。虽然中美之间有着十分密切而深入的相互依存关系，彼此又互为最大的债权国与债务国，中国还是美国的第二大贸易伙伴国，但美国认为中国通过不断融入现有国际体系，从中获益很大，所承担的责任却很少。而且，美国把中国在地区层面开展的一系列经济合作视为对美国的威胁。举凡中国倡导的中国与东盟自贸区建设、中韩自贸区建设、中日韩自贸区建设以及海峡两岸不断发展的经贸合作，均被视为对美国主导的现有国际体系和国际秩序的挑战，是对这一地区规则制定权以及美国在亚太地区的经济新规划 TPP 的直接挑战。奥巴马更是直言，美国不会允许他国主导规则制定权。①美国还曾坚决反对中国倡导的亚洲基础设施投资银行（Asia Infrastructure Investment Bank，AIIB）等计划——在亚投行相关规划细则还没有出台的情况下即表示反对，甚至反对其盟国参加，认为这是"分庭抗礼""另起炉灶"之举。再有，出于安全和政治竞争的考虑，美国在经济层面始终没有排除对中国的竞争防范意识，限制对华高新技术出口和中国对美投资。值得关注的是，AIIB 相关组织建设是开放的、不排他的，而美国力推的 TPP 却由于其高门槛的设计，意欲将中国挡在门外，同时却将越南列为邀请参加国，其拉帮排华的意图明显。

又次，美国担心热点问题控制权旁落。中国的相关举措被认为可能影响到美国对东亚热点问题的控制权。美国一直将东亚的热点

---

① President Obama, "State of Union," January 20, 2015, https：//www. whitehouse, gov/ sotu.

问题或危机视为中美战略博弈的前沿。就美国的安全利益而言，从北到南的朝核问题、中日东海问题和钓鱼岛争端、台湾问题还有南海问题均不属于美国的核心利益，但美国均将其视为自身的重大利益，甚至夸大这些热点对于美国的战略意义。因而，中国对于涉及自身核心利益的积极作为，针对这些热点问题的参与和解决举措，往往被美国视为有可能影响甚至取代美国的控制权。美国对东亚热点问题的控制体现在两个方面：其一是进程由美国最终主导。不论是解决热点还是维持热点，也不论是缓和紧张还是升级紧张关系，都由美国决定。其二是程度可控。热点升温、危机加剧但不至于引发失控，也即美国拥有危机爆发和升级的程度控制权，这样才可以使危机为美国所用，而又不至于使美国承担不必要的风险。而在美国看来，显然有可能影响到他们对危机进程和程度的控制权。

对于朝核问题，美国一方面主张在核扩散问题上与中国合作，但却在自身基本不作为的情况下，不断要求中国采取更为强硬的政策，希望中国在对朝制裁问题上与美国更多地保持一致。① 美国一方面希望中国承担更大责任，另一方面又在限制中国发挥美国所担心的主导作用。在朝核问题上，美国掌控着最为核心的因素，比如美朝关系正常化协定以及将停战协定转为和平协定。同时，美国不仅不放弃在半岛的军事存在，继续包括登陆演习在内的一系列军事演习，而且试图在半岛部署萨德反导系统。

美国虽然公开表示在中日钓鱼岛争端中不持立场，但美国在争端过程中强化美日联盟的做法，客观上助长了日本在这一岛屿争端

---

① 美国新安全中心研究人员亚伯拉罕·丹马克（Abraham Denmark）2015 年 5 月 1 日与笔者座谈时表示的观点。

中的强硬做派。

在南海问题上，美国认为中国的立场和表态不够明确清晰、连贯一致。比如，南海九段线的划界以及九段线内是否均为中国核心利益，中国在南海建岛的目的不明①，认为中国在南海建岛虽然起步晚，但比其他相关声索国更多更大。中国的这些举动破坏或有可能破坏美国在南海的航行自由。②

在美国来看，南海问题甚至并不单是航行自由那么简单。在美国的亚太再平衡战略中，南海应该是显示美国主导力和平衡能力的关键，因而也被美国视为中美战略较量的重点和中美海权之争的关键。海权不仅仅是海上力量的优势，还包括对战略性通道的把控。美国的主导权是基于对战略交通要道的控制权而建立起来的。美国担心中方的建岛行为所可能形成的军事能力，将破坏美国对马六甲海峡的控制权。说得更具体一点，中国在南海的作为会增强其战略投送能力，打破美国控制马六甲海峡的主导权，不利于美国遏制中国发展海上力量、制约中国关键性的战略运输能力。

总之，无论是对东亚地区的海洋争端、热点问题还是地区安全的新变化，中美双方都存在认识上的不同。美国对中国正在形成一些新的战略认知——尽管仍在争论之中，但有可能影响美国未来的对华战略制定。美国对中国的战略意图提出了更多质疑，对自身主导权可能受到的影响十分关切，"相当长一段时间内，美国批评中

---

① 中国官方已经表态，中国在南海建岛是用于各国民事的自然灾害救助和原料补给。

② 笔者2015年5月1日对美国前国家安全委员会亚洲事务高级主任麦艾文（Evan Medeiros）的访谈。

国在搭便车，现在更趋一致地认为中国是一个挑战者，在挑战美国的体系。再有美国认为中国随着实力上升，特别是在习近平治下对于领土和新疆域的权益的捍卫更加奋发有为，对美国的安全利益，特别是美国对于同盟的承诺是直接挑战，安全威胁在上升"①。中国虽然还不是美国的全球挑战者，但已经成为地区挑战者。正如柯庆生所言，中国的挑战说明中国还未强大到足以被视为美国的一个全球性的"对等竞争者"，但它已经强大到足以破坏东亚地区和全球范围内的经济事务和政治事务。②

基于以上分析，美国将东亚热点问题引发的问题视为中美在这一区域就地区安全秩序、规则和地缘战略布局的较量。中国的亚洲安全观和积极有所作为的新战略，被认为是指向美国在亚洲地区的霸权。中国正处于挑战美国主导权的进程中，中国的能力和意愿都比以前有了很大不同，因而，对于美国而言，有效把握这些热点问题是掌控地区主导权的关键。

显然，中美战略层面的分歧更多地体现为美国对中国战略意图的怀疑和误读。而这种战略猜疑，有可能导致中美相互对立心态的上升，损害中美合作和良性竞争的根基，给已有的战略合作包括朝核问题、反恐问题等带来负面影响。

---

① 韦宗友编：《构建中美新型大国关系：新挑战与新思路》，《中美新型大国关系研究报告》（第八期），复旦大学中美新型大国关系协同创新中心，2015 年 6 月，第 3 页。

② Thomas J. Christensen, "The China Challenge: Shaping the Choices of a Rising Power," http://www.brookings.edu/~/media/events/2015/06/25-china-challenge/20150625_china_christensen_tran-script.pdf.

二、中美战略分歧加大的原因

首先，分析中美战略分歧的原因，不能忽略两国所处的时代。当今中美的战略分歧，有其深刻复杂的时代背景。这就是国际形势处于冷战后的转型期之中，而中美两国也在进行重大的战略调整。转型期内大国关系趋势性紧张的现象是一种自然反应。正如江泽民指出："这几次世界格局的形成和演变有一个鲜明的特点，就是国际局势和大国关系都处于相当紧张和尖锐对峙的态势。"①

而在转型期内，决策层和社会舆论层面往往易于低估或夸大正在发生的深刻变革的重要性和风险性，从而导致战略误判并引发战争。在过去 1500 年的 15 个个案中，有 11 次以战争告终。②所以，也可以说，中美之间的战略分歧是基于转型期历史观而派生出来的。

其次，中美战略分歧是基于美国的霸权逻辑而产生的。美国霸权战略的逻辑在于防止任何一个地区的潜在大国成为美国的挑战者。冷战史表明，"自 1945 年以来，我们一直力求防止苏联利用它的地缘战略优势去支配其西欧、亚洲和中东邻国，从而根本

① 江泽民：《当前的国际形势和我们的外交工作（一九九八年八月二十八日）》，载于《江泽民文选》第二卷，北京：人民出版社 2006 年版，第 197 页。

② 郑永年：《中美如何共建秩序》，2015 年 6 月 27 日，http://biog.ifeng.com/article/36339366.html。

改变全球力量对比，使之对我们不利"①。从霸权战略的演变趋势来看，一般而言，当霸权国家实力开始下降或相对下降，其对世界领导地位丧失的担心就会上升，对地区领导权面临的挑战就会更加敏感。而在地区层面最具实力挑战美国地位的国家往往成为美国的重点防范对象。20 世纪 80 年代，日本受到美国的打压，近些年，随着中国实力的快速提升，美国遂将战略重点转向对中国的压制。

2012 年以来，美国在其全球战略中日渐确定以亚太为战略重心。这表明美国传统的两洋战略即太平洋战略和大西洋战略开始向太平洋战略倾斜。应该说这是一个重大的战略转向。此前美国的全球战略一直坚持先欧后亚的总方针。即使在"珍珠港事件"爆发后，美日在太平洋区域进入交战状态，美国仍未将亚太地区列为首选。冷战期间，美国虽在亚太地区打了几场局部战争，但其主要目标仍指向苏联。在乌克兰危机发生后，美国却没有改变其亚太重心的战略选择。恰如 2013 年 11 月美国国家安全事务助理苏珊·赖斯表示，"亚太再平衡实为奥巴马政府对外政策的基石。不管世界其他地方爆出多少热点，我们仍将继续深化我们对这一关键地区的持久承诺。"②

再次，美国亚太再平衡战略的实施导致中美战略分歧加大。在美国确立亚太重心地位之后，如何实施其亚太再平衡战略就是其重

---

① ［美］威廉森·默里、［英］麦格雷戈·诺克斯、［美］阿尔文·伯恩斯坦编：《缔造战略：统治者、国家与战争》（时殷弘等译），北京：世界知识出版社 2004 年版，第629 页。

② Susan E. Rice, "America's Future in Asia," http：//www.georgetown.edu/news/susan-rice-event.html.

中之重。亚太再平衡战略有三大支柱：联盟战略、均势战略和经济战略。在这三大战略中，均势战略是其核心理念。均势战略是以地区内国家的相互冲突从而导致相互制衡为前提的。而美国正是以地区威胁和地区危机升级为借口、以均势战略原则为核心来激活联盟，介入半岛、东海和南海事务，构建美国主导的多边经济合作框架的。同时，美国作为均势战略的最大受益者，以离岸平衡者身份扮演不恰当的角色，发挥了不恰当的作用。在一系列领土领海争端中，美国标榜中立，实则充当仲裁者，采取了有意识地选边站队的做法。一些时候，美国的所作所为不仅无助于危机解决，反而导致危机更趋复杂化。显然，美国在亚太地区一贯采取的地区均势战略是导致地区局势紧张的根本原因，也必然成为中美战略分歧加深的根源。

最后，中美战略分歧加深还涉及中国因素和中美互动。其中的一个深层次原因在于，中国作为美国重要的战略对手自身实力不断发展变化的影响。

2005 年，时任副国务卿罗伯特·佐利克提出"利益攸关方"的概念时，中国经济总量只有现在的五分之一。[①] 不过十年消长，时势已然大变。中国的发展出乎美国意料，且摆脱了美国设定的轨道。美国曾希望通过接触政策，让中国融入美国设计的发展轨道，从而更好地规制中国。但中国通过融入国际体系，成为美国主导的国际体制内的变革者。虽然中国一再重申无意颠覆现有体制或另起炉灶，但是美国则有了另设机制排挤中国的意图，从美国叠床架屋

---

① Robert A. Manning, "America's 'China Consensus' Implodes," http：//nationalinterest. org/feature/americas-china-consensus-implodes-12938.

设计 TPP 的规则和高标准就可以看出这一点。另外，对于中国在美国主导的现行体制中逐渐强大，也是美国不希望看到的。美国一些学者直指，美国过去一些年采取的接触政策给中国提供了向美国挑战的能力和机会，已到了修正这一政策的时候了，"美国将中国引入自由主义国际秩序的努力，正在对美国在亚洲的绝对主导地位构成新的威胁，并且有可能对美国的全球领导地位造成严重冲击，华盛顿眼下需要一个崭新的旨在平衡中国的崛起而不是继续帮助它增强国力的对华大战略"[①]。

对此，中国人大外委会主任委员傅莹曾尖锐指出，美国对中国深层的失望有三：一是美方所期待的中国实现现代化必然带来政治制度变革的情况没有发生，中国版的戈尔巴乔夫没有出现，相反，中国取得的成功和增强的自信使中国道路更加不可逆转；二是融入国际体系之后，中国并没有成为屈服于美国意志和利益需求的仆从，而是以更加主动的姿态参与设计和塑造国际和地区事务的方向；三是中国经济进入改革的深水区，美国一些大企业长期在中国获得高额利润的好景不再，它们有些不适应甚至抱怨。[②]

再从中美关系互动的角度来看，中美双方存在已久的战略猜测，也在一定程度上加大了相互之间的战略分歧。

近期，无论是美国国内还是中国国内，都出现了一些贬低中美关系或要求对对方更加强硬的声音，批评对方因果倒置、先入为主，均强调对方是造成中美战略分歧加大的根本原因。

中国方面认为，美国对华战略与冷战时期的对苏战略类似性在

---

① Robert D. Blackwill and Ashley J. Tellis, "Rivising U. S. Grand Strategy Toward China," http：//www.cfr.org/china/revising-us-grand-strategy-toward-china/p36371.

② 傅莹在中国社会科学院《美国研究报告》发布会上的致辞，2015 年 6 月 6 日。

加大，而在英美，有政策分析人士则将中国的发展类同于二战前的德国。① 两国学者关于"修昔底德陷阱"的学术争论也表明，两国对于中美结构性冲突的未来走向仍存在不同主张。② 美国一些人士不相信中国发展新型大国伙伴关系是为了共赢，对于中国提出的发展中美新型大国关系存有异议，对新型大国关系构建的理念、进程和方式都缺少共鸣和认同，而更愿意将这种新型大国关系理解为信任措施的建立和具体务实的协议。③ 如美国前国家安全委员会亚洲事务高级主任麦艾文就认为，在中国提出的新型大国伙伴关系构建的过程中，中国把注意力更多地放在了自己的核心利益上，而不是

---

① 吉迪恩·拉赫曼：《深刻反思一战教训》，2014 年 1 月 13 日，http：//www.ftchinese.com/story/001054360。其中写道"但如同 1914 年前不断崛起的德国与周边邻国发生对抗一样，如今正在崛起的中国也与多个邻国——特别是日本——发生了争端"。当然，可以看到更多对此类论调的反思和批评。参见李洪峰《基辛格对世界秩序的观察》，《国际先驱导报》，http：// news.xinhuanet.com/herald/2015-02/02/c_133964502.htm；罗贝尔·迪雅里克：《中国不是 21 世纪的德意志帝国》，香港《南华早报》2014 年 7 月 26 日，http：//news.xinhuanet.com/world/2014-07/28/c_126804273.btm。2014 年 1 月 17 日，美国前副国务卿库尔特·坎贝尔对《纽约时报》的访谈，也持类似观点，http：//www.cnas.org/cOntent/anxiety-rising-over-relations-between -japan-and-china#.VapfPVOfe30。

② 参见金灿荣《中美关系已陷入"修昔底德陷阱"》，http：//theory.rmlt.com.cn/2015/0227/373975.sbtml；金灿荣《中美必须跳出修昔底德陷阱，否则是人类灾难》，http：//ftnance.ifeng.com/a/20141119/13289365_0.shtml；陈永《中美关系真的存在"修昔底德陷阱"吗?》，http：//world.huanqiu.com/hot/2015-07/7113918.html；陈玉聃《"中美陷入修昔底德陷阱"是个坑，中国学者应说不》，http：//www.thepaper.cn/newsDetail_forward_1357807_1；张锋《"修昔底德陷阱"为中美关系下了套，让中国被动》，http：//www.thepaper.cn/newsDetail_forward_1355634_1；毛维准《"荀子突破"难缚修昔底德陷阱，中国强调"霸衰则战"更有效》，http：//www.thepaper.cn/newsDetail_forward_1358403；戴尔·科普兰《大战的起源》（黄福武译），北京：北京大学出版社 2008 年版。

③ 参见马妍《未来中美关系互动中的共识与分歧——中美中青年学者第二轮战略对话会议综述》，第 157—164 页。

中美两国的共同利益上，由此导致中美关系出现了一定程度的问题。[①]

在一些具体而敏感的热点问题上，中美之间更是针尖对麦芒。比如，美国认为南海不是中国核心利益，中国正在不断将争议地区核心利益化，而实际上中国认为自身在南海合理、合法的填海造岛行为根本不应引发美国如此强硬的反应。同时，中国也认为美国强化亚太联盟的做法有损中国的利益，而且美国干预地区纠纷的行为是傲慢的干涉。[②] 按照陆克文的分析，中国不断印证美国试图从内部削弱中国，同时从外部遏制中国的判断。美国的亚洲"轴心"或"再平衡"战略即是确凿证据："华盛顿在事实上支持日本在东海的领土主张，并且在南海的领土主权纷争中放弃中立，支持菲律宾、越南和其他东南亚国家而无视中国的利益，这些都是遏制政策的进一步证明。最近的例子还有排除中国加入 TPP，以及劝阻盟友加入亚投行的失败。在北京看来，所有这些都是为了剥夺中国在硬安全、经济和贸易外交等政策领域的国际空间。"[③]

随着中国实力的提升，国际影响力的扩大，中美之间的不对称相互依存也在发生改变。美国原有的优势不再，中国对美投资总量已经超过美国对华投资总量，无论是双边还是地区或全球层面，美国对中国的借助，其幅度会超过中国对美国的依赖。[④]

---

① "Evan Medeiros: China's Attempt to Isolate Japan Worsens Bilateral Relations," http://ajw.asahi.com/article/views/opinion/AJ201404060018.

② Rebecca Liao, "Sorry, Obama: America Can't Contain China," http://nationalinterest.org/feature/sorry-obama-america-cant-contain-china-13097.

③ Kevin Rudd, "U. S. -China 21: The Future of U. S. -China Relations under Xi Jinping-Toward a New Framework of Constructive Realism for a Common Purpose".

④ 韦宗友编：《构建中美新型大国关系：新挑战与新思路》，第 6 页。

这些因素反映在双边关系上，就是美国明显感到中国的底气更足，对美政策出现了更加强力的变化，致使美国对中国出现了能力、意图及发展方向的多重战略疑虑。[①] 尽管中国一直强调，中国是现有国际秩序的维护者和完善者，无意于推翻现有体系，中国官方在多种场合均表示，中国无意于挑战美国的主导者地位，[②] 仍然尊重美国全球主导者的作用，但美国基于霸权护持和现实主义权力政治的逻辑，对中国在国际秩序建设中发挥的建设性作用表现出越来越多的担心和怀疑。中国捍卫自身权益的行为被美国视为对其区域或全球主导权的挑战。中国试图修正不合理的国际秩序和规则的行为，也被视为对美国主导的现有国际秩序的改变。而美国对中国战略疑虑的上升和加剧，可能是当前中美关系面临的最大挑战。

在这样一个大的背景之下，美国主张对华强硬的声调开始上升。虽然美国仍在对中国未来的战略意图进行分析和研究，究竟应该采取什么样的对华战略仍处于争议之中，但如何抵消和平衡中国的影响力无疑成为美国战略界下一步聚焦的重点。在美国看来，中美之争已由潜在的结构性矛盾演变为现实的主导权之争。由此，无论是在地区安全还是国际秩序层面，美国对华战略的主线似乎正在由接触加规制向制衡加接触转变。

中美两国对于中美战略性分歧的性质也存在不同看法。中国反对将中美之间的分歧与摩擦上升为主导权之争，但美国则不断强调

---

① 参见王缉思、李侃如《中美战略互疑：解析与应对》，北京：社会科学文献出版社2013年版。

② 比如，中国国务院副总理汪洋2014年12月17日在芝加哥出席中美商业关系论坛，他在题为《中美经济伙伴之路越走越宽广》的主旨演说中表示，"中国既没有想法，也没有能力，挑战美国的领袖地位"。http://news.ifng.com/a/20141218/42748503_0.shtml?_share=sina&amp。

主导权的较量，并为此制定相应的政策。中美战略分歧体现了战略选择的不同，以及更深层面的冲突战略观与合作战略观的分野。

三、中美战略分歧的可能走势

综上所述，中美战略分歧较之 21 世纪前十年有所加深加大，尤其是近一两年来这种分歧加大的势头表现得更加明显。但这种战略分歧会引发什么样的结果？会不会导致美国对华战略出现颠覆性的改变，的确值得关注。美对华战略真的到了一个新转折点了吗？或如美国学者兰普顿所担心的那样，中美关系已到一个新的"临界点"了吗？[①] 中美之间的冲突是无法替代或不可避免的吗？在中美竞争中，中国真的正在挑战美国的主导地位吗？且让我们从中美关系的性质、美国东亚战略的实质以及中美冲突的走向来分析、回答这些问题。

首先，中美关系的性质与冷战时期已有根本不同。

无论中美之间出现什么冲突和分歧，中美多数人士还是看到了中美关系与冷战时期美苏关系的不同。冷战时期美国的遏制战略之所以奏效，是因为苏联经济实力薄弱，与美国几乎没有商业联系。但今天的中国是一个经济大国，其军费预算的两位数增长是建立在

---

① David M. Lampton, "A Tipping Point in U. S. -China Relations is Upon Us," Carter Center Conference Keynote Address, May 6, 2015, http: //www. chinaelections. com/article/1966/237798. html.

雄厚和多元的工业基础之上的。① "中国和美国对彼此的经济依赖度很高，并且有很多共同的安全利益，以至于无法展开纯粹的竞争。"② "自 2009 年来，中国企业对美直接投资增加五倍，为美国创造了超过 8 万个岗位。" "如果投资障碍更小，还可以大有所为。" "双方利益的融合超过了很多人的想象，双边关系发展至今，双方都无法承担非合作与对抗的关系。"③ 在这一前提下，中美之间若爆发新冷战，双方都将付出巨大的代价。在相互依存条件下的新冷战，结果只能是两败俱伤。"如果中美之间出现新冷战，将导致中国把远超苏联的经济实力带入争斗"，④ 而这一切对美国而言也是灾难。

其次，防止中美之间危机失控，仍是美国的战略底线。

中美分歧更多地体现为对热点问题处理方式的不同，而并非所谓的主导权之争。中美在亚洲安全合作问题上存在三个矛盾：（1）美国希望主导东亚热点问题进程而中国不愿被动接受的矛盾；（2）美国无意根本解决东亚地区矛盾而中国希望彻底解决的矛盾；（3）美国坚持以联盟为基础的局部安全机制与中国所倡导的整体多边安全机制的矛盾。与此同时，美国在这些热点问题上对中国仍有三大施压优势：其一是合作性施压，利用不对称相互依存的优势地位，利

---

① 安德鲁·布朗：《美对华"建设性接触"共识瓦解》，《华尔街日报》2015 年 6 月 16 日。转引自《观察者网》，http：//www. guaneha. cn/AndrewBrowne/2015＿06＿16＿323486. shtml。

② Rebecca Lia, "Sorry, Obama: America Can't Contain China".

③ 汪洋：《中美对话为什么重要》，《华尔街日报》2015 年 6 月 21 日，http：//www. fmprc. gov. cn/tufa＿chn/zyxw＿602251/t1275021. shtml。

④ Bill Powell, "A New Cold War, Yes. But It's With China, Not Russia," *Newsweek*, May 20, 2015, http：//www. newsweek. com/2015/05/29/us-china-cold-war-333948. html.

用中国对美合作需求大于美国对中国合作需求的差异向中国施压；其二是竞争性施压，通过比较优势和先发优势尤其是军事优势与中国展开竞争；其三是热点组合式施压。美国有可能通过南海问题与台湾问题、东海问题等形成联动，向中国施压。当然，美国对中国的遏制围堵也不是单一的节奏和力度，而是时紧时松，以防中国过度反应。

从上述三大矛盾来看，中国主张更加合理主动地解决地区热点问题，而美国仍在掌控热点问题的解决。从美国对华三大施压手段来看，美国仍处于明显的战略优势地位。从威胁认知的角度来看，美在亚太驻军，把控联盟体系，将中国视为其战略挑战者而加以防范。不过，对美国而言，虽然采取了一系列施压中国的做法，但预防中美之间出现危机失控，仍是美国不得不重点考虑的战略底线。"与获得收益相比，人们更愿意为防止损失付出更大的代价，冒更大的风险。"① 在部署实施亚太再平衡战略的过程中，美国采取了包括抵近侦察和联合军演等具有挑衅性的行为，但总体上还没有改变战略试探的性质。亚太再平衡战略的深意在于，在其实力和影响力相对下降的前提下，美国希望通过不断向中国施压以诱引中国与周边国家"以邻为壑"的状态长期化、复杂化，从而继续巩固和提升美国的离岸平衡者身份和地区主导者地位。

再次，中国是维护和稳定中美关系的重要力量。

从历史上看，当中美关系出现危机时，中国维护中美关系稳定的意愿和诚意大于美国。即便美国对中国造成了不对称伤害，比如

---

① ［美］罗伯特·克拉克：《情报分析：以目标为中心的方法》（马忠元译），北京：金城出版社 2013 年版，第 379 页。

误炸中国驻南斯拉大使馆、对台军售等，中国都尽力从大局出发，在捍卫核心利益和原则的基础上，维护中美关系的总体稳定。这甚至造成美国得出中国有求于美国大于美国有求于中国、中国更担心中美关系破裂的印象。诚然，美国在中美关系发展中也在逐步改变其不适应两国关系的一些做法，比如减少或控制对台军售、在达赖窜访等涉及中国内政的问题上相对低调行事，但与中国相比，美国对中美关系的积极主动性仍有欠缺。中国从未碰触和挑战美国核心利益。中国未在美周边驻军，未结盟他国抗衡美国及其联盟体系。显然，中国是防御的一方，而且保持了足够的谨慎克制，只是对美可能影响中国核心利益的行为进行反制和警告。中国并未将美国视为战略敌手，而是致力于构建新型大国关系，以化解中美之间的矛盾。作为负责任的大国，中国正在增强其国际影响力，尤其是在亚洲、非洲和拉美地区，但并未抵消，更无意取代美国的影响力。中国谋求的是合作影响力，也即通过合作，而非通过强制、冲突等方式来扩大和增强影响力。

又次，中美需要防止和应对网络、金融等非战争形式冲突。

对此，布鲁金斯学会约翰·桑顿中国中心主任李成认为，中美在南海问题上立场差距很大，但更令人忧心的问题是网络安全。[①]中美两国亟须转变思维方式，"然而具讽刺意味的是，中美两国作为经济全球化最大的受益者，似乎在构筑各自的经济阵营，其表现为由中国主导的'亚洲基础设施投资银行'和美国的'跨太平洋战略经济伙伴关系协议'。难以想象，当今世界任何的经济一体化能

---

① 张蔚然：《专访美知名学者：中美关系不会走向"不可收拾"冲突》，http://news. sina. com. cn/o/2015-06-21/044231973188. shtml。

够在排除全球第一或第二经济大国的情况下取得成功"。他还建议，中美两国应主动及时地建立一套针对网络安全的国际标准、技术流程和风险控制机制。① 笔者也相信，中美之间在网络安全领域仍有巨大的合作空间，比如双方就共同应对网络恐怖主义的不对称信息战争，完全可以达成新的合作共识。

最后，中美走向直接军事冲突的可能性很低。

这一点对于看待中美战略分歧及其危机走向具有重要参考意义。大国危机存在无形控制因素。两败俱伤成为国家关系破裂的最后制约因素，尤其是核大国之间。古巴导弹危机是美苏之间的直接冲突，彼此尚能收手，何况中美之间的军事和安全冲突多集中于第三方因素——虽然一些与中国的核心利益相关，但均非美国核心利益，这也是我们判断中美危机总体可控的原因之一。美国学者就中美之间在亚洲的三种未来趋势——"合作扩大、竞争加剧、武装冲突"——做过选项分析，选择竞争加剧的占 79%，而选择武装冲突的只占 9%，也很可说明问题。②

冷战后，美国在局部战争中所以获胜，是因为作战的小国未得到其他大国的支持，但冷战期间美国几乎未在任何局部战争中获胜，是因为有其他大国直接或间接参与。③ 因此，亚洲若出现新的局部战争，很可能涉及相关大国的深度介入，美国无法确认会在局

---

① 《中美战略与经济对话的关键议题》，http：//www. brookings. edu/zh-cn/blogs/up-front/posts/2015/06/17-us-china-strategic-economic-dialogue。

② Patrick Cronin, "Forecasting the Future of US-China Competition," *The Diplomat*, July 15, 2015, http：//thediplomat. com/2015/07/forecasting-the-future-of-us-china-competition/.

③ Jeffrey A. Baden, "Changing China Policy：Are We in Search of Enemies?" *Bookings China Strategy Paper*, No. 1, June 22, 2015, http：//www. brookings. edu/blogs/up-front/posts/2015/06/22-changing-china-policy-bader.

部战争中无条件获胜。在亚洲，美国无论是应对危机还是介入地区事务，都无法像在其他地区那样采取单边主义政策。在美国面临的全球性挑战不断增加的情况下，"把目前世界上最为稳定、有序、经济上富有活力的区域，变为另一个充满是非冲突之地，并不符合美国的利益"。①

归纳起来，美国现在面临三大战略性问题：其一是中国崛起；其二是美俄对立；其三是大量的非传统安全问题。当前美国综合实力在下降，且被中俄以及其他地区问题所牵制。力量相对下降，而外部威胁上升，无形对手增多，非传统威胁仍然存在，美国如何防范和应对地理范围广泛的应接不暇的多元威胁，解决其分散化与集中化的矛盾，实为其一霸权难题。

虽然应对中国崛起是美国全球战略的重点，但如何平衡美国对外战略中的三大战略性问题同样是美国战略规划中的重大关切。就其对华战略而言，美国面临的战略悖论在于：希望中国稳定，一个不稳定的中国对美国更难预料，"一个不确定的中国比一个强大的中国给美国及其盟国构成的威胁更大……一个不稳定的中国也可能改变其当前的防务政策、追求更危险和富有侵略性的战略，从而加剧难以预测和冲突的前景"。② 但一个稳定的中国继续以不同的发展模式壮大，恐怕也会令其担心，于是美国仍然不得不通过更有效的平衡方式来影响中国。对此，美国一些学者认为，中国不是敌人，

①　Jeffrey A. Baden, "Changing China Policy: Are We in Search of Enemies?" *Bookings China Strategy Paper*, No. 1, June 22, 2015, http://www.brookings.edu/blogs/up-front/posts/2015/06/22-changing-china-policy-bader.

②　［美］克里斯托弗·莱恩：《和平的幻想：1940年以来的美国大战略》（孙建中译），上海：上海人民出版社2009年版，第102页。

"遏制"也不合适；但需要采取谨慎态度，设法"限制中国的能力，使其不过度滥用日益增长的力量"。要实施奥巴马提出的"支点"转移，但还要采取更多行动，包括取消国防预算限制，保持核均势，加快导弹防御部署，扩大与区域伙伴的合作，坚持通航自由。此外，还要收紧对于向中国买家转让技术的限制，甚至对中国商品实施"全面关税"以应对网络盗窃行为。①

因此，虽然中美之间战略分歧在加大，但战争不可为、冲突有限度、中美合作面在扩大、合作积累效应巨大也是中美之间的共识。因此，中美之间的战略稳定并没有因为两国之间出现分歧而改变。这是一个总体判断。

当然，战略风险上升也是当前中美关系的一个特点。两国间的所谓战略互疑在加深，但是尚未达到导致两国出现战略误判的程度。不过，如果一些局部热点升级，战略误判的可能性也可能增加。

放眼未来，缺少共同威胁或共同威胁还不足以促进两国战略合作，中美关系仍然存在潜在的战略风险。随着中美战略分歧的加大，中美之间的竞争互动也存在着较大的不确定性。中美之间的战争应该可以避免，但战略性冲突如何得到有效管控，对于中美关系而言仍是一个巨大的挑战。

---

① Richard Betta, "The Lost Logic of Deterrence: What the Strategy That Won the Cold War Can-and Can't-Do Now," *Foreign Affairs*, March/April, 2015, http://www.cfr.org/world/lost-logic-deterrence/p30092.

四、中美战略分歧的化解思路

应该看到，在东亚地区事务中仍然存在着化解中美战略分歧的机会之窗。

首先，虽然中美战略界对中美关系的未来表示担心和猜疑，但这些分歧并没有上升到战略制定层面，美方在东亚的一些政策调整，包括对南海的政策调整，仍是其亚太再平衡战略的延续，而非战略上的根本转变。中美战略分歧所可能造成的影响仍存在多种可能性。中美关系处于可变期，是否出现新的战略转向，仍需要时间周期来观察。中美双方能否在这一周期强化良性互动至为关键。

其次，中国的和平发展战略没有改变，中国的防御战略既立足于捍卫主权，也为努力维护地区安全利益。中国倡导新的亚洲安全观，意在从根本长远上解决这一地区的历史难题和危机隐患，而美国主导的传统联盟体系是历史的产物，有其历史局限性，是不完善、不充分的，很难根本解决本地区的安全问题。因此，中国主张建立包括美国在内、发挥积极性引导作用的多边安全机制。中国意识到，美国联盟体系这一不合理的安全体系的变革是一个渐进的过程，中国愿以客观、建设性的心态与美国等国就未来的安全机制建设展开战略性协作。

另外，基于中美关系的复杂性和发展现状，我们也应看到中美之间存在着结构性的矛盾，而结构性的冲突是最难以化解的冲突。这是中美所面临的严峻的历史性课题，也是中美关系的战略性难题，很难毕其功于一役，也非短期内能够解决。这就需要从转变战略思维、强化危机管控机制、优化沟通交流渠道、提升合作水平等方面从长计议，持之以恒方能收到成效。当务之急仍是避免战略分歧加大从而引发战略误判，导致中美关系出现冲突性恶化的局面。为此，笔者在此提出如下若干建议：

第一，坚持中美的战略性共识，强化两国的相互尊重。

冷战时期中美关系正常化，是因为中美在应对共同威胁方面达成共识；"9·11"事件之后中美关系得到发展，也是因为中美在共同应对恐怖主义国际威胁方面达成了共识。而现在随着形势的变化，这些共识正趋于弱化，与之相伴的则是中美战略互疑的上升。显然，战略共识是稳定和维护大国关系的重要因素，战略分歧出现和增多，部分也是因为战略共识的凝聚力下降所致。那么，如何寻找和凝聚中美新的战略共识呢？①

应就如何扩大中美共同利益达成新的共识。中美在一些重大的国际问题上多有共识，比如在共同应对气候变化、国际犯罪、恐怖主义，维护国际能源安全、网络安全，以及防核扩散、太空合作、极地治理、管控地区危机等传统、非传统安全问题上，中美大体上具有相似的认识，在实践层面也有具体的合作。但在未来的国际秩序建设、经济全球化的主张和发展趋势、全球治理的责任和手段等问题上存在分歧与差异。其实，在这些问题上，中美之间仍具有巨大的共同利益，理应不断沟通以达成新的共识。诚然，冲突战略观与合作战略观是中美关系未来发展的重要分野，两国能否就长远的

---

① 达巍：《中美还能重建"大共识"吗?》，http://www.thepaper.cn/newsDetail_forward_1357483。

合作战略观达成新的共识，能否以合作战略观化解冲突战略观，是未来中美战略关系中的一个核心问题。

应理性、客观、全面地分析两国政策变化，不因枝节而否定已有的战略共识。比如，在南海问题上，美国一些人士无端指责中国采取强硬政策，但也有论者认为应该理性客观地分析中国的政策。美国前政要杰弗里·贝德就认为中国在南海的行为仍是克制的，"即使我们在应对这一重大事件时，我们也应该清楚地去分辨中国采取这些行动的意图是什么，同时也要弄清哪些并非它的意图"。"中国军方并未试图将其他南海诸岛主权声明国从其占据的南沙群岛驱逐出去，事实上，它们占据的岛礁数量要远多于中方（比例为4∶1）。一些媒体称60%经由南海的国际贸易在某种程度上将受到中国威胁，这种论断是荒谬的。"①

美国所以对中国的南海造岛行为采取过激反应，其实是美国担心中国有可能影响到美国的地区主导力，而从政治安全角度来看，美国的地区主导权是与其海权优势、对至关重要的海上运输线的控制密不可分的。中国在南海造岛虽无军事部署，但有可能具有军事功能的意义。这引发了美国对自身海权地位可能受到削弱的担心。而对这一点，中美双方是可以通过各类沟通机制的坦率交流达成新的共识的。

同时，中国在南海问题上的反制措施并不是常态性行为，而是针对特定历史背景之下、这一地区特定国家率先制造出来的特定事件的，中国的南海政策具有阶段性，会随着对这一地区创造性合作治理方式的出现而调整。南海问题作为中美关系中的局部问题不应

---

① Jeffrey A. Bader, "Changing China Policy: Are We in Search of Enemies?"

该影响中美稳定大局。夸大消极面、抑制积极面一向是一些冷战思维人士喜欢的做法。这很容易导致政策走偏。夸大或歪曲对方意图，并据此作为制定政策的依据历史上有之，也很容易导致战略误判和战略性决策失误。

由此，中美之间应冷静应对两国间存在的问题，不应一出现矛盾就夸大拔高两国间的战略分歧，上纲上线从而轻易否定两国几十年间积累的合作成果，这并不是历经三十多年发展的中美关系的成熟做法。中美在新时期或新的转型期都在进行一些新的尝试，也在经历试错或纠错的过程，都存在政策调整的空间。但战略上须保持一致性和连贯性。合作主流的意识不应轻易改变。不应重新退回应否合作的争论原点，而是进一步探索如何合作；不能面临新的合作困境，就放弃对于两国关系具有深远意义的战略合作大局。

应强调新形势下的相互尊重。在双方彼此尊重的问题上，中美都不应盲目自信，也不应妄自尊大。以平和心态、虚心交流与学习对方的长处，才是两国应该采取的正确做法。美国既然承认中国取得了巨大的成就，又为什么不能以正确客观的态度来分析和看待中国的发展呢？

在双边关系中，突出新型大国关系的对等性。不冲突、不对抗，相互尊重，互利共赢。其实从程序上看，应该先实现相互尊重和互利共赢，才能够不冲突、不对抗。要通过中美首脑会晤和一系列战略对话，确保相互平等和相互尊重这一原则得以有效实施，有必要为此专门确定规则。所谓平等关系、相互尊重，关键体现在：尊重对方核心利益，不挑战或不触碰对方核心利益底线。为此，美国应在涉及中国核心利益的问题上保持中立，不应利用中美不对称相互依存向中国施加不恰当的压力，提出不合理的要求。美国应以积极、健康的心态看待中国的建设性贡献和创新性倡议。对于亚投行等中国的新倡议，美国不应盲目猜度和怀疑，动辄加以无端批评或指责，而应充分沟通，乐见其成。美国需要全面、客观评价中国在完善国际秩序进程中建设者的身份和作用。当然，在国际秩序建设中，"美领众协"的模式还会继续。中国仍将尊重美国的全球影响力和引导力，但也希望美国尊重和接受中国在国际秩序中发挥的建设性作用，携手推动中国负责任大国身份的进一步强化。美国可以保持全球大国战略主张，但必须放弃其帝国战略做派。同时，中美还是要扩大战略共识，共同构建新型地区安全机制。

第二，强化战略性有效沟通和针对性交流。

中美之间交流渠道丰富而通畅。中美首脑会晤和中美战略经济对话，对于总体稳定两国关系发挥了积极作用。但从以往不同层面的对话交流情况来看，还存在自说自话、各说各话、各自表达很充分而彼此理解对方不够的情况。因此，交流的方式、时机和内容仍有进一步改进的必要。

比如就内容而言，澳大利亚学者休·怀特就建议，中美领导人应更加明确无误地讨论彼此间未来关系的性质以及各自在亚洲的角色。美国需要承认，中国在亚洲必须被赋予更加重要的领导作用，而美国无法像过去那样扮演同样的地区领袖角色。中国也应该阐释美国在新的亚洲秩序中扮演何种角色，中国应该承认美国继续在亚洲新秩序中的作用。[1] 再有，美国需要明确对于中国作为负责任大

---

① ［澳］休·怀特：《中美应清晰讨论彼此的亚洲角色》，《环球时报》2015 年 7 月 2 日。

国的相关期待。美国一方面希望中国成为负责的大国，希望中国在地区和全球层面发挥更大的作用，但美国对中国发挥作用的期待究竟是什么需要进一步明确，即"美国能接受中国在地区和全世界发挥多大的作用"？[1]

美国两位前财长在谈到中美加强对话的时候表示，通过倾听对方的批评，中美将一起改善自身的经济，消除造成摩擦的因素，并培养互信。[2]

中美人文交流应正视价值观分歧的问题。中国主张价值观多元化，不认同放之四海而皆准的所谓普适价值，但中美这样的两个大国在观念层面仍然可以开创性地探索共享理念、凝聚共享价值，比如对于公平、正义、可持续发展等理念，中美两国应该均有着类似的理解和认同，理应发扬光大。在价值观问题上，中美两国并非没有任何观念交集，既要求同存异，也要努力求同化异。

第三，以战略稳定促战略信任。

战略稳定与战略信任是一组互动关系。通过战略信任来促进战略稳定是一种方式，反过来，从宏观和总体上保证战略稳定也可以推动战略信任。换句话说，即使还没有足够的战略互信，也要保障中美关系的总体稳定，而不可能等到所有分歧消除之后，才来谋求稳定。中美关系的发展历程表明，求同存异、求同化异是中美战略稳定的重要原则。同时，战略性稳定能够抑制或缩小分歧。两国战略关系处于稳定期，分歧会被抑制。冷战时期，当中美就苏联威胁达成共识和默契后，中美之间原有的分歧被暂时搁置一边。冷战

---

①　Robert A. Manning, "America's 'China Consensus' Implodes".

②　Robert E. Rubin and Henry M. Paulson, Jr., "Why the U. S. Needs to Listen to China," *The Atlantic*, June 1, 2015, http://www.cfr.org/united-states/why-us-needs-listen-china/p36559.

后，当中美就反恐达成重要共识后，中美关系保持了长达十余年的战略稳定。当然，必须防止通过制造分歧来破坏战略稳定。

因此，对于当前的中美关系，一个迫切的议题就是：在完善的战略信任还不能够完全实现的情况下，如何保障总体上的战略稳定。加强危机管控和总体稳定的制度设计是当务之急。

在中美之间，预防危机的出现与解决危机同样重要。减少误判并不一定会自然增加战略信任。但当前形势下在重大战略问题上减少误判，比战略互信更为迫切。中美要避免因第三方因素发生直接冲突和战争：第三方因素很多涉及中国核心和重大利益。美国不应误判中国的和平发展战略在核心利益上的原则和坚定立场。

第四，强化新型战略思维，化解两国战略分歧。

中国战略思维中的非战思维和非零和博弈思维，有助于避免中美间的恶性竞争。中国特色大国外交并不强调针锋相对，而是注重以柔化刚的原则。"一带一路"等倡议即是一种绕开潜在的冲突领域、开拓新的合作场域的主张。

中国走外线，也是一种避战战略——不与美国直接冲突。中国的对外战略并非以与美国较量为主轴。针对美国的亚太再平衡战略，中国虽然不得不加强反遏制和危机管控，但中国对外战略仍然力图走出一条规避大国冲突风险之路。

中国传统上具有陆上地缘优势，战略纵深较大，不像有些国家那样谋求将危机推离国土远端。因此，在面对外来可能的入侵时，中国更愿意依托陆上战略纵深优势，与外来入侵者周旋，甚至采取诱敌深入的战略。比如，冷战时期，面临苏联的威胁，中国开辟大三线，强调诱敌深入的战略，这均是防守反击战略思想的体现。①

对于中美关系的未来而言，中国仍在谋求两大战略法则的结合：其一，对于外来军事威胁，力求以武止戈，在军事上实现不战而屈人之兵。这是中国兵圣孙武的思想。其二，在政治上则力求化竞为合、化敌为友。正如林肯所言，改变一个对手或消灭一个对手的最好办法是把他变成你的朋友。② 这两大法则应成为从根本上化解中美战略分歧的指针，构成中美之间未来关系发展的最高境界：非战和化竞为合。

第五，深入分析中美竞合关系的特性和实质。

中美必须把握好双边关系中反复出现的半竞半合、竞合分离、竞多合少等问题。如何对待这种利弊参半、可能性多样、不确定性增加的中美关系，探讨竞与合关系的相互影响，减少竞争消极面，扩大合作积极面，都值得深入研究。

中美之间存在竞争是不可否认的现实。中美都应该敢于承认对方的竞争者身份和中美竞争关系的性质。中美战略竞争的最大意义不是打倒或击败对方，而是强化自己。亦即以对方为目标，但重在强化自身。对于中国而言，美国是一个中国需要不断学习和赶超的国家，在政治制度、经济发展模式、科技创新等领域均是如此。中美竞争是以合理的方式更快更好地超越对方，而不是削弱或损害对方，这才是中美作为竞争伙伴所要谋求的方向。

中美是竞合关系。单纯强调任何一面都不符合中美关系的复杂

---

① 参见毛泽东《国际间的事要由大家商量解决》（这是毛泽东同法国政府代表团谈话的一部分，根据谈话记录稿刊印，1970 年 7 月 13 日），载于《毛泽东外交文选》，北京：中央文献出版社、世界知识出版社 1994 年版，第 589 页。

② See Robert Greene, *The 48 Laws of Power* (New York: Penguin Books, 2000), p. 12.

现实。要引导双方的竞争，把恶性竞争变成良性竞争。在中美相互塑造的过程中，美国应该适应中国塑造力相对上升的现实，双方的塑造关系正在出现由不平等、不对称的相互塑造向着平等的相互塑造的转变。同时，还是需要通过合作来化解恶性竞争，减少对抗性，强化合作的影响力和主导力。亚投行、一带一路等倡议都是开放的、非排他的，注重互补而不是相互拆台。中美既是竞争伙伴，更是创新合作伙伴。

中美新型大国关系牵一发而动全身，不仅有地区意义，更有全球意义，是中国未来的全球战略能否有效实施的关键所在。两国未来的战略目标不是战胜对方，在竞争中使对方落败，导致两败俱伤，而是必须谋求共赢。中美未来的战略竞争应该带来更大的战略融合。中国无法在对美战略中实现战而胜之，除非美国自败。美国的对华战略也应该如此。两国都需要赢得对方，而不可能是战胜对方。因此，中美之争的最佳结果是彼此能够真正实现化敌为友。这也正是中美新型大国关系的题中要义。对于中国而言，关键是在相互塑造中强化和发展自身的战略塑造能力。中国复兴是影响力扩大、为国际社会注入更多正能量的过程，在这个意义上履行责任大国的承诺，而不是谋求成为霸权者。同时，中国复兴更多是内部强化、内部完善与提升，而不是取代别国的地位。

第六，要进行科学的战略评估。

中美战略对话，重在战略评估。对过往的议题、协定、措施要有科学的评估和修正机制。随着中美关系的发展，中美之间议题不断增加和累积，中美关系发展到新的阶段，也是新议题不断填充的过程。要明确阶段性，分清轻重缓急。对已有的议题和实施方案是否已经得到充分解决和处理，要有阶段性反馈。不能"旧愁未解，又添新愁"，过多的问题累积而无法解决，会降低战略对话和其他谈判机制的权威性。更重要的是，要建立有效的纠错机制，而且要有良性的相互制约、相互纠错的机制，做到"恃吾有所不可攻"。[①]

五、结　语

中美关系作为世界上最重要的双边关系之一，具有地区和全球影响，也不乏牵一发动全身的效应。东亚作为经济最为活跃的地区，也是安全上最为复杂的地区之一。中美关系的战略稳定与发展，在一定程度上与中美能否在东亚有效合作密切相关。中美关系如何发展，事关全球稳定和地区繁荣。

当前，中美关系正进入新的阶段，合作面与摩擦面并行扩大，而且合作本身也带来新的分歧与矛盾。由于战略分歧加大，中美之间在全球层面和东亚地区层面的不确定性因素在增多。随着两国实力和影响力的变化，中美彼此的认知和政策都会出现相应的改变，两国都面临着调整与适应新变化的进程，也面临着相互塑造的新机遇。

因此，必须从战略高度重视和看待中美关系的变化，认清中美在地区层面战略分歧加大的严峻现实。中美双方唯有从首脑层面和战略决策层面把握好中美战略稳定的大方向，从中观和微观层面强

---

① 《九变篇》，载于普颖华、华名良主编《百战百胜——孙子兵法》，北京：中国物资出版社 1994 年版，第 101 页。

化技术性和机制性建设以及可行性政策研究，积极采取措施落实新型大国伙伴关系的建设性和创造性内涵，方能成功度过中美关系特殊的转型期，凝聚新的战略共识，化解战略风险，推动中美关系迈向新的台阶。

话语、国家形象与对外宣传：
以"中国崛起"话语为例*

孙吉胜**

随着中国影响力的提升，在国际层面，关于中国的讨论无所不在，随处可以听到、看到关于中国的话语，这些话语在无时无刻地影响着人们对中国的认知，塑造着中国的国际形象。而在国内，我们经常会听到"中国需要改善自己的话语体系""中国需要提升自己的国际话语权""中国需要讲好中国故事，传播好中国声音"这样的表述。这体现出中国对世界上的中国话语的关注，使其成为学界和政界一个非常显性的话题；同时这也体现出人们意识到中国的话语体系还有很大的改善空间。那么，国外的"中国话语"都关注

* 本文为北京市教委共建项目《语言与国际关系》和外交学院重大项目《"中国崛起"话语对比研究》（ZY2011KA02）的阶段成果。论文所涉及的具体话语分析过程因本文篇幅有限在此不赘述，重点呈现分析结果。《"中国崛起"话语对比研究》项目组成员艾喜荣、杨悦、陆晓红、巴秋曦、冉继军、左晓园和李小玢分别负责了关于中国、美国、英国、法国、非洲、拉丁美洲和日本的具体分析部分，为本文提供了基础，在此一并感谢。本文发表于《国际论坛》2016年第18卷第1期。

** 孙吉胜，外交学院副院长、教授、博士生导师，中国国际关系学会秘书长。

哪些议题？是如何呈现中国的？展示了一种什么样的中国形象？与中国的中国话语存在哪些鸿沟？我们在实践中如何改善国外的中国话语和中国形象？只有经过对国外的中国话语进行系统分析和研究之后我们才可以得出答案，才可以找到改善国际上中国话语的依据和路径。

实际上，在过去的十多年里，在国外关于中国的话语中，人们最常提到的就是"中国崛起"，尽管"中国崛起"2004年之后在中国国内的话语中逐渐淡出，被"中国的和平发展"所代替。但是，在国外关于中国的话语中，"中国崛起"出现频率仍然极高，经常会成为中国的代名词。稍微留意一下，我们就会发现在国外关于"中国崛起"的话语经常不能客观反映中国的现状，没有传递中国的真实声音，也没有显示出中国所强调的"中国崛起"的内涵。基于以上原因，本文以"中国崛起"话语为例进行对比研究，以发现在国外的中国话语的主要问题。本文选取了美国、英国、法国、日本、非洲、拉丁美洲等代表性国家和地区，以这些国家和地区涉及"中国崛起"话语的文本为分析对象，文本主要选自政界的讲话、学界的文章和媒体报道，旨在发现国外的"中国崛起"话语与中国的"中国崛起"话语之间的异同，尤其是一些规律性和系统性的问题，从而为改善国外的"中国话语"提供依据。

一、中国的"中国崛起"内涵

中国的"中国崛起"话语有自身明确的内涵。自从郑必坚在

2003 年首次正式提出"中国崛起"后,"中国崛起"很快成为一个热门词汇,尤其在国际关系和外交领域。无论是在国内还是在世界范围内,"中国崛起"在学术界、政界和媒体等都是出现频率极高的词汇。"中国崛起"在美国 2010 年的十大新闻词汇中排名第三,可见中国崛起被关注的程度。"中国崛起"的话语主体是中国,中国的"中国崛起"话语有其独特内涵。就中国国内而言,"中国崛起"是伴随着中国的快速发展而提出的,主要是突出中国所追求的发展道路,强调的是"中国的和平崛起"和"中国的和平发展":中国的发展是和平的,中国的崛起是和平的,中国的崛起不同于历史上各大国的崛起,本身就是对世界和平的贡献。因此,"中国崛起"在中国的语境下有其独特内容,含义明确。它强调崛起的途径和崛起的影响,核心是和平。中国崛起的目的是和平,崛起的结果和性质也是和平的。同时,中国崛起也为世界提供了更多机遇。中国的领导人在很多国际场合和一些重要讲话中多次强调中国要坚持走和平发展的道路,中国的崛起不会妨碍任何人,也不威胁任何人;中国的和平发展道路是中国探索的符合本国国情的新型发展道路;中国的崛起离不开世界,同时中国通过自己的发展维护世界和平;中国永远不称霸,永远做维护世界和平和促进共同发展的坚定力量。国务院新闻办公室分别于 2005 年和 2011 年两次专门发布了关于中国和平发展的白皮书:《中国的和平发展道路》和《中国的和平发展》,全面阐述了中国的和平发展道路。《中国的和平发展》再次强调"和平发展是中国实现现代化和富民强国、为世界文明进步做出更大贡献的战略抉择。中国将坚定不移地沿着和平发展道路走下去"。

中国学者也针对中国和平发展背后的文化传统进行了大量研究，认为中华文明一直承载着"和合"的哲学传统，中国所提出的和平发展与和谐世界以及本届政府提出的新型国际关系都是基于这样的传统文化理念，中国文化的核心是"和为贵"，中国文化是"和"的文化，同时中国文化强调"和而不同"，"和"与"不同"最能体现中国古代辩证思想和政治智慧，中华文明是一种内敛型文明，鲜有扩张的行为。中国文化重"和合"，而西方文化重差异，遵循"二元对立"思维。在与他人或他国交往时，中国文化一直强调"己所不欲，勿施于人""求同存异"。对于一个像中国这样有着几千年历史的国家来说，这些传统理念无疑会影响中国当今的行为方式与行为选择。这些从文明、文化的话语角度阐释了中国和平发展的必然性和可能性。学者们也强调，正是由于中国的这些"和合"传统，中国的崛起有别于过去西方大国的崛起，中国的崛起会促进地区与全球的和平与稳定，中国的快速发展将为世界带来机遇，而不是威胁与挑战。一些学者还从中国的国情来研究中国崛起及其对国际政治的影响，认为中国是世界上最大的发展中国家，国内发展的任务艰巨，中国必须走和平的道路，而不能寻求与其他大国的军事对抗。中国的崛起由于其和平特征，将不同于历史上其他大国的崛起。

二、国外的"中国崛起"话语与中国的"中国崛起"话语的异同

本文对所收集的文本进行了系统分析。研究发现在国际范围

内，"中国崛起"话语与中国本身所强调的内涵存在一些相同之处。同时我们也发现国外的"中国崛起"话语与中国的"中国崛起"话语之间存在一些明显差异。

所选取的各国和地区关于"中国崛起"的话语，共性方面主要体现在以下几点。

第一，无论是发达国家还是发展中国家大都对中国的经济崛起持肯定和赞扬态度，认为这对中国而言是一个很大的成就，中国已成为世界经济的引擎，中国崛起给中国带来了经济发展和社会进步。例如，希拉里 2011 年强调"美国欢迎中国正在成为一个崛起的强国，也欢迎中国不仅努力帮助本国人民摆脱贫困，也为其他国家带来繁荣和机会"。英国首相布朗称"英国、欧洲和世界其他国家都能从中国的崛起中受益"。日本也有类似的话语，如"中国经济的飞跃发展，不仅给日本，而且也给亚洲及世界带来了很大利益"。这在各国的中国话语中成为最显性的内容。这也表明，中国对世界在经济方面的贡献成为不争的事实，也得到普遍的肯定。

第二，各国都普遍认为中国的崛起为亚太和整个世界带来了很大影响，各国在经济上与中国的依存关系加深，中国的经济崛起提升了中国的国际政治影响力。正如美国副总统拜登所强调的，"中国的崛起是一个积极的进步，不仅对中国人民来说是如此，对美国和世界人民都是如此，中国的崛起将为经济发展和繁荣提供动力，并且将孕育一个可以和我们一起迎接全球挑战的新伙伴"。

第三，鉴于中国和美国是世界上最大的发展中国家和最大的发达国家，各国在谈到中国崛起时，经常会把中国与美国以及中美关系置于一起讨论，中美关系为一个核心关注点。人们经常会讨论中国的崛起对美国的影响以及美国方面的反应，如认为中国崛起对美国国内政治经济的影响集中反映在中国崛起给美国带来的经济机会、竞争或战略挑战，中国的崛起是否以美国的衰落为代价，美国是否有新的战略来应对中国崛起等。法国的《解放报》2012 年 10月 5 日一篇文章明确写道"世界不断被这两个超级大国影响。美国因衰落的噩梦而苦恼，却永不放弃，实力就是它的旗帜。中国从漫长的历史中汲取前所未有的力量，扭转命运"。由此可见，中美关系不仅对中美两国是最重要的双边关系，整个世界也是高度关注中美关系。

第四，总体来说，各国欢迎中国的和平崛起，并希望中国成为国际社会负责任的一员。这一点在美国政府部门的话语中体现尤为明显。诸如"美国欢迎中国正在成为一个崛起的强国，也欢迎中国不仅努力帮助本国人民摆脱贫困，也为其他国家带来繁荣和机会"这样的话语非常常见。

第五，各国经常强调与中国合作的强烈愿望，尤其在经济方面。中国的崛起为世界各国提供了机遇，各国普遍认为与中国展开经贸合作有利于本国经济的发展。中国的经济发展让整个世界获益。例如，在法国，很多文章都提到，在面对气候变化和经济危机后的经济复苏问题时，必须要与中国合作。

第六，很多国家，尤其是非洲和拉丁美洲国家会强调中国和平崛起的示范作用，认为中国的和平崛起为世界发展中国家树立了榜样，这些地区也不乏看到关于中国模式的讨论。例如，在非洲的"中国崛起"话语中，很多文本都提到中国独特的发展模式更加适合非洲的实际情况。一些拉美的学者也表达出对中国经济发展模式的兴趣，认为"中国的发展模式为拉美提供了一个可以仿效的范例，华盛顿共识可以替代"。这些与中国自身的话语比较相近。

但是，除了以上这些共性的内容外，国外的"中国崛起"话语与中国的"和平崛起"话语之间还是存在较大的话语鸿沟。国外的"中国崛起"话语内涵呈现出复杂性和多样性，主要体现在以下几个方面。

第一，"中国崛起"经常被置于西方国际关系理论之下，"崛起"被作为一个西方国际关系理论中的纯学术词汇来加以研究。基于西方各种理论所展开的关于"中国崛起"的辩论，尤其是围绕"大国冲突论""霸权转移论"等观点，"中国崛起"经常被赋予了挑战美国、挑战当前国际秩序的威胁性，同时也强调中国崛起对未来所产生的不确定性。例如，美国前副助理国务卿薛瑞福（Randall G. Schriver）明确表示"中国正处在一个战略十字路口，一个正在崛起的中国的未来还没有永远不变地固定在一条或另一条道路上"。这和中国所阐释的理念和反复强调的和平发展道路以及中国学者的观点存在较大差异。而中国提出"中国崛起"时实际上与西方国际关系理论中的"崛起论"并无太大关联。这些学理层面的辩论也对中国身份的建构产生了负面影响，强化了中国崛起的"威胁性"和"不确定性"的认知。

第二，国外针对中国，尤其是"中国崛起"的认知和解读经常带有浓厚的意识形态色彩，中国经常被视为一个"他者"，尽管冷战已经结束多年。例如，美国的右翼媒体与智库基于意识形态色彩对中国崛起的定位与判断比较消极，经常强调中国崛起对美国的负面影响以及美国需要采取的防范等应对措施，认为中国崛起对美国的影响利弊参半。英国的媒体关于中国的报道也经常遵循冷战思维，把中国的崛起称为"非自由主义国家的崛起和对西方自由主义的挑战"。在一些报道中，也会出现一些意识形态色彩浓重的表述，如"独裁者""专政者""专制者""共产主义政府""共产主义政权"等，类似的语言比较普遍，甚至还有些非常武断、不负责任的言论，例如，英国议员直接撰文，指出"中国政府的'独裁统治'远不成功，终将毁灭，因为它从不接受所谓'启蒙时期的民主价值观，包括自由言论和法治'"。

第三，涉及"中国崛起"，对中国的防范、担忧甚至恐惧的报道比较常见，经常涉及中国增加军费开支、中国对世界能源以及环境的影响等，以"中国威胁论"的方式呈现出不同的方面。例如，美国 2008 年《国防战略报告》明确指出"美国希望中国在国防预算开支、战略、计划和意图上增加透明度，通过军事交流以建立了解、改善沟通和减少误判的风险"。

第四，从涉及"中国崛起"的具体话语内容看，涉及中国经济和军事的内容显性最强，而关于社会、文化的内容则相对较少。这也表明中国在社会文化方面的宣传以及世界对中国社会文化方面的关注度还比较低，中国的社会文化影响较弱。从这个角度看，中国虽然经济影响力较大，但是在提高软实力方面仍有很大空间。

第五，从话语源角度看，在媒体针对"中国崛起"的报道中，西方大型媒体的报道影响力大、影响面广，这一点在非洲、拉丁美洲体现得尤为明显，这些地区的媒体经常依赖西方媒体的新闻源，报道内容和报道风格受西方媒体的影响影响，有时甚至是直接转引西方媒体的内容。

由上可见，国外关于中国的话语并没有完全反映出中国的"中国崛起"话语内涵。国外的"中国崛起"话语与中国的"中国崛起"话语之间还是存在多方面的差异，对"中国崛起"的理解也存在很多偏差。明确这些话语差异和鸿沟可以帮助我们理解国外对中国身份的定位与中国自我认知之间的差距所在，帮助我们采取相应措施来有针对性地改善世界的"中国话语"，改善中国的国家形象。

三、改善国外"中国话语"的启示与建议

基于以上话语差异，本文认为需要在以下几个主要方面来改善中国在国外的"中国话语"。

第一，中国需要加强话语主动性和自觉性，扩大中国在国际上的话语存在。这些年在国内人们经常提到中国需要提升国际话语权。话语权的提升一方面是强调中国需要在国际上参与各领域的国际规则制定，表达自己的观点，参与议程设定；而另一方面，也要扩大话语存在。话语存在是提升国际话语权的基础，中国的话语存在首先要体现在有来自中国的声音，不仅包括政界，也包括学界和媒体。就媒体而言，在国外的媒体中，很多关于中国的"故事"都不是由中国人所讲述的；关于中国的学理争辩也是在国外学者之间展开，中国人时常处于一种失语境地。从对非洲和拉丁美洲关于"中国崛起"话语的系统分析，我们可以看出，西方的媒体和观点对这些地区"中国崛起"的解读产生了很大影响，有很多是负面的。在这些媒体中鲜有中国人自己发出的声音。当然，我们在媒体

方面也有一些积极事例。例如，王逸舟教授在其《创造性介入：中国外交新取向》一书中专门以"傅莹方式"作为创造性介入的一个案例，来说明这种方式所取得的外交效果：以一种娓娓道来的方式在英国主流媒体和一些重要外交场合介绍中国，软化和改变当地的反华声音和态度。这种努力显然需要继续。而从学者层面看，中国学者在社会科学引文索引（SSCI）中的发文量要比在科学引文索引（SCI）和艺术与人文科学引文索引（A&HCI）中的发文量低得多，如2011年中国学者在社会科学引文索引中的论文有6346篇，多为经管商务类。这些表明在这方面中国学者还有很大的提升空间。就外交与国际关系而言，尽管中国高校中研究国际关系与外交的院校以及从事相关教学与研究的学者与日俱增，可以说是达到了空前规模，但是中国学者在国际学术界是否能有效地传递出自己的观点就当前的情况看不容乐观，国际影响有限。例如，在拉美学者的研究成果中，他们所引用的文献和观点多来自美国和欧洲学者，中国学者的声音很少在拉美媒体和学界看到，自然中国角度的观点就无法在拉美学界和媒体体现。因此，中国在国际媒体、学术期刊发出自己的声音，扩大自己话语存在的任务艰巨而紧迫。党的十八大以来，中国外交着眼于新形势新任务，积极推动对外工作理论与实践创新，出现了很多新理念、新布局和新实践，取得了很多外交理论和实践创新的新成果。这些体现中国特色和中国风格的创新也需要争取各国的支持和理解，这也是目前中国需要加强话语主动性和自觉性的一个重要方面。

第二，要加强对中国政治体制、政党制度和治理模式等的宣传。从整个国外的"中国崛起"话语看，针对中国在经济方面所取得的成就，各国的话语相对比较集中，观点基本一致。但是，有时一些负面内容也经常出现，使中国身份中出现了很多负面因素。在谈到中国政党等政治问题时，经常会出现一些负面表述，冷战思维明显。例如，在英国的媒体报道中，我们可以看出，很多外国人实际上对中国的政治制度和中国共产党缺少正确的认识和理解，很多还是停留在冷战思维的框架之下，中国被赋予了"另类"身份。针对此类问题，中国需要建立自己的话语体系来加强对中国特色社会主义制度的解释，加强对中国共产党的历史和成就、中国治理和中国发展模式的有效宣传，以改变外国人在冷战思维框架下对中国政治制度与中国共产党的认知。在 2014 年的中央对外工作会议上，习近平指出，当前和今后一个时期，中国对外工作要贯彻落实总体国家安全观，增强全国人民对中国特色社会主义的道路自信、理论自信、制度自信，维护国家长治久安。而全面推进新形势下的对外工作，必须加强党的集中统一领导。如何有效地让世界准确理解中国特色社会主义和党的领导还需要很多努力。因此，对于"讲好中国故事，传播好中国声音，做好对外宣传"而言，讲好中国的政治故事应该是重中之重。这也是推动建构中国话语体系，维护和提升中国国际话语权的重要组成部分。与此同时，也要利用各种渠道，增进国际社会对中国共产党和中国政治制度的了解，使外界对其形成真实、立体、生动的认知。

第三，要对一些国外重点关注的领域主动加强针对性工作，对于不同国家和地区，区别对待，进行有针对性的增信释疑工作。在国外的中国话语中，经常会涉及人权、能源、人民币、环境、中国人的海外行为等主题，而且经常会出现一些负面甚至是歪曲的报道和观点，有些此类报道和宣传经常使中国在国际舆论面前处于被动。因此，对于类似的领域，中国需要加强针对性工作，要对一些国外受众关注的内容进行顶层设计，主动宣传，以弥合中外之间的话语差异和认知差异。目前，虽然世界各国都非常关注中国的快速发展，但是各国所重点关切的问题和领域却完全不同，因此，中国的增信释疑工作也要有针对性。例如，美国最关注中国的崛起是否会挑战美国所主导的国际秩序，是否对自己的全球战略造成不利影响。尽管美国白宫和国务院对中国崛起的看法相对统一，但是国会关于中国的话语就相对复杂，经常会出现一些负面和消极的话语。在拉美国家，人们所担心的主要问题首先是对华贸易的失衡和可持续性问题，如拉美对华出口过分集中于少数大宗初级产品，拉美国家希望加大与中国在制造业与服务业的合作。同时，它们也担心中国在拉美的投资过分集中于资源部门。而非洲的政治精英们除了视中国为发展伙伴外，同时也把中国视为竞争对手，认为中国企业在众多方面与非洲企业竞争。因此，针对此类关切，针对性的工作十分必要，中国所做的工作和所采取的措施不能对所有的国家一概而论。

第四，重点做好中国在美国的话语改善工作。美国的话语权在国际上处于极强势地位，不仅体现在信息源方面，也体现在其发达的传播渠道和传播手段方面。美国无论在传统媒体还是网络等新媒体方面都具有绝对优势位，在一定程度上控制着世界的新闻议程与新闻流向。美国的中国话语不仅仅影响中美关系，影响美国公众对中国的认知，在某种程度上也影响整个国际社会的中国话语导向。有很多国家和地区的媒体直接引用美国的报道和观点。美国学界在国际上的学术影响力更是有目共睹。而就外交本身而言，中美关系无论对中国、美国，还是对整个世界可能都是最重要的双边关系，各国也对中美关系极为关注。因此，中国首先需要有针对性地改善在美国的"中国话语"，要对媒体、学界等主动做好针对性工作。

第五，加强与国外智库的合作，通过智库交流提升中国学者对国外智库的积极影响。虽然国外这些年对中国非常关注，但是由于各种原因，有些国家对中国的了解与研究并不系统。例如，在一些非洲国家，智库对政府有很大影响，在一定程度上智库的研究成果决定着政府的议程。但是，与欧美发达国家相比，非洲智库对中国的关注和研究远远不够，专门从事中国研究的学者也不是很多。与非洲类似，在拉美国家中，研究中国的学者也并不是很多，美国学者对中国的一些看法经常见于拉美的媒体，拉美一些媒体中关于对中国人权、环境等方面的批评和误解也经常是来自美国和欧洲的观点。在对于智库高度发达的美国来说，一些右翼智库对中国的态度经常是负面的，对中美关系的发展产生了负面影响，而中国与美国亲中智库的交流远远多于与这些右翼智库的交流，显然还需要做更多的工作。由此可见，中国需要加强与这些智库的交流、合作，使它们更加关注中国，并能够在本国发出关于中国的客观声音，以进一步影响政界与媒体。这也是为什么人们在谈到中国的对外宣传效果时经常会说有时由中国人宣传不如由外国人宣传的一个原因。中国目前正在从多方面加强智库建设，以便为决策提供智力支持。为了加强中国特色新型智库建设，中共中央办公厅、国务院办公厅2015 年 1 月专门印发了《关于加强中国特色新型智库建设的意见》，明确指出智库是国家软实力的重要载体，越来越成为国际竞争力的重要因素，在对外交往中发挥着不可替代的作用。该文件也要求中国的智库要深化国际交流合作机制改革，加强中国特色新型智库对外传播能力和话语体系建设，提升我国智库的国际竞争力和国际影响力。

第六，加强与国外媒体的合作，提高中国在国外媒体的话语权。媒体在对外宣传中发挥着至关重要的作用，谁掌控了媒体的主动权，谁就决定了报道多少、报道什么、从哪个角度、以何种基调报道。目前，中国媒体在海外的存在还很不平衡，国外的媒体在信息源方面经常依靠西方，尤其是欧美的通讯社和媒体。路透社与美联社一起成为全球各地绝大多数视频新闻的新闻源，成为影响全球政治的特殊力量。这种情况使真正来自中国的声音很难发出，一些关于中国的歪曲和偏颇报道出现在媒体也就不足为奇。当然，我们也可以看到中国媒体与国外媒体合作的积极事例。例如，中国的媒体分支机构在东非和南非等地与非洲媒体建立了良好的合作关系，通过为其提供新闻源等手段改变了这些机构向西方媒介生产机构购买新闻的做法，在这些地区中国的话语权就相对较高。而在西非和北非，则还是西方的媒介机构占主导。因此，中国加强与这些发展中国家媒体的交流与合作可以使中国在国外媒体发出更多自己的声音，减少西方媒体对它们的负面影响，这对改变中国在这些国家和地区的形象会大有益处。

第七，中国需要规范中国企业与中国人的海外行为，加强话语宣传内容与行为的一致性。随着中国人海外存在和海外利益的扩大，影响中国形象的因素也越来越多，不仅仅包括宣传，也包括行动和行为。每个中国人和每个中国企业的行为都会对中国的国际形象和认知产生影响，有时也导致一些与中国的"中国话语"相悖的海外认知。例如，在英国的媒体中就有些报道，涉及"中国人在非洲走私象牙、猎杀野生动物"，在非洲也有些关于中国企业在非洲的行为不规范的报道，产生了中国崛起的威胁形象。这些在国际上产生一些误读，弱化了中国主流话语的可信度。而随着中国与世界互动的加强和深化，这方面的挑战不容忽视。

四、结语

本文以国外的"中国崛起"话语为例，系统研究了国外的"中国崛起"话语与中国的"中国崛起"话语之间的异同，重点强调了二者间的差异与话语鸿沟。这些差异也时刻在影响着中国的形象。改善国外的"中国话语"，提高中国的国家形象应该从这些差异着手，进行有针对性的工作，这样就使中国的对外宣传具有了针对性和可操作性。简言之，我们需要清楚需要对国外的受众交流什么，如何交流，不但使他们愿意听，而且能够听懂，同时能够产生一定的共鸣，从而取得我们所希望的建构效果。当然，从本文的分析可以看出，改善中国的对外宣传涉及多方面的因素和相互间的协调，如政府部分的顶层设计、中国媒体的海外影响、中国学者的国际发声等。只有这样才能够使国外的中国话语更加全面贴近中国的现实，中国才能够塑造与其国际地位相匹配的国际舆论环境，也只有这样才能够改善国外的"中国话语"，使其为改善中国整体的国家形象提供助力。

中国的总体国家安全观浅析*

高 飞**

安全是国家生存之本。中国共产党要巩固执政地位，团结带领人民坚持发展中国特色社会主义，就必须首先确保国家安全。当前，我国面临的国内外安全形势呈现新旧叠加、时空交错、内外联动的特点，亟待探索一条具有中国特色的国家安全道路，为实现民族伟大复兴和国家长治久安、社会安定团结和人民幸福安康提供坚实保障。2014 年 4 月 15 日，习近平同志主持召开中央国家安全委员会第一次会议，明确提出，要构建集政治安全、国土安全、军事安全、经济安全、文化安全、社会安全、科技安全、信息安全、生态安全、资源安全、核安全等于一体的国家安全体系，并系统阐述了总体国家安全观的重要思想。[1] 总体国家安全旨在实现人民安康、社会安定、国家安稳、世界安宁，是多层次、全方位的国家安全指导思想。

---

 * 本文发表于《科学社会主义》（双月刊）2015 年第 2 期。

 ** 高飞，外交学院院长助理、教授、博士生导师。

 [1] 参见《习近平总书记在国家安全委员会第一次会议上提出：坚持总体国家安全观走中国特色国家安全道路》，《人民日报》2014 年 4 月 16 日。

一、总体国家安全观因应时代潮流

总体国家安全观的提出是中国安全观念不断发展的结果。1983年6月六届人大一次会议政府工作报告中第一次提出了"国家安全"的概念。1997年中共十五大报告首次提到"国家经济安全"。以 2002 年 7 月中国政府在东盟地区论坛外长会议发布《中国关于新安全观的立场文件》和 2002 年 11 月中共十六大报告为标志，中国提出了系统的"以互信、互利、平等、协作为核心"的"新安全观"。相较而言，总体国家安全观将国家安全的外延进一步扩大：一是内外兼顾，强调国家的核心价值、政治秩序、生存方式不受侵害；二是强调安全层次的多元化，全球安全、地区安全和人民安全等都被予以考虑；三是强调安全领域的拓展，经济安全、信息安全、环境安全和社会安全等各领域被纳入安全范畴。总体国家安全观客观反映了时代的深刻变化。

（一）从世界层面来看，世界多极化、经济全球化深入发展，文化多样化、社会信息化持续推进，国家间的相互依存不断加深

第一，全球发展不平衡加剧，国际体系和国际秩序深度调整，传统安全问题没有根本解决。进入新世纪，世界力量的对比发生了巨大变化。西方发达经济体整体增速放缓，而以中国、俄罗斯、印

度、巴西等金砖国家为代表的新兴经济体迅速成长。然而作为唯一的超级大国，美国竭力维持美国主导的国际秩序，拒绝新兴大国获得更多的国际话语权，阻碍国际政治经济体制的改革。在这种背景下，大国博弈加剧，地缘政治回潮。阿富汗战争以来，美国相继在乌兹别克斯坦、吉尔吉斯斯坦设立了军事基地，利用地缘便利在"俄罗斯的软腹部"和中国的战略后方投棋布子。2003年以后，美国又不断鼓动格鲁吉亚、乌克兰、吉尔吉斯斯坦等独联体国家进行"颜色革命"，以削弱俄罗斯的影响力。2014年，乌克兰危机爆发，美俄关系降至冷战后的最低点。为了遏制中国崛起，奥巴马政府提出"重返亚洲""战略再平衡"等政策，加强亚太军事同盟体系，构筑新贸易体系（如TPP）抗衡中国影响。在此背景下，东亚地区存在的历史问题和领土纠葛"老问题"变成了新热点。

第二，世界政治经济不确定因素增多，局部动荡频繁发生，粮食安全、能源资源安全、网络安全等非传统安全问题更加突出。冷战结束后，非传统安全威胁对国际关系的影响迅速上升。与传统安全不同，非传统安全问题不是某些国家和局部地区存在的个别问题，而是在世界范围内普遍存在并关系全人类的问题。这些非传统安全威胁对国际关系的影响越来越大，大大增加了世界各国的共同利益领域，合作共赢成为世界各国的共同需要。

第三，国家间的相互依存不断加深，世界各国互动的模式发生改变。相互依存加深并不意味国家间矛盾和摩擦的消失，但是可以改变各国决策者分析、解决问题的方式。正如蒙布里亚尔（Montbrial）所言："那些曾经触手可及的参照标准、切实存在的记忆场在这场剧变中迅速消失。"[①] 以往依靠单个国家力量就可解决的安全威胁现在需要多国协同作业才能根除。在当代世界，利益和风险都在全球化。如果没有全球视野，不进行全球战略思考则很难建立真正的国家安全。

（二）从中国自身来看，中国日益崛起为全球性大国，与世界的政治经济联系更加紧密，统筹国际与国内两个大局成为中国实现长期稳定发展的关键

经过 30 多年的改革开放，中国已成为世界第二大经济体，第一大货物出口国和第二大进口国，拥有世界最大规模的外汇储备，每年对外投资规模超过 1000 亿美元，年出境旅游超过 1 亿人次。中国的商品、资本、人员已经具备了全球性影响。然而，从全球层次看，随着中国的利益和影响向全球扩展，风险也向全球扩展。

第一，中国的能源资源保障压力增大。作为世界工厂，中国能源资源需求快速增长，石油、铁、铜、铝等大宗矿产的进口量大幅攀升，对外依存度居高不下，分别为：石油 61.5%、铁矿石 58.7%、铝土矿 74%、铜矿 81.7%、镍矿 70%。[②] 此外，进口通道也存在风险。以石油为例，霍尔木兹海峡和马六甲海峡是来自中东和非洲的石油的必经之路，经过霍尔木兹海峡运往世界各地的石油占海湾地区石油总出口量的 90%，中国约 80% 的能源进口需经过马六

---

① ［法］蒂埃里・德・蒙布里亚尔：《行动与世界体系》（庄晨燕译），北京：北京大学出版社 2007 年中文版，第 175 页。

② 参见《中国主要矿产品对外依存度全面大幅上升》，新华网，http://xinhuanet.com，2014 年 5 月 30 日。

甲海峡①，这些海峡一旦被封锁，中国的主要石油运输线将被切断。在这种情况，"保障国际海运通道安全的能力"，对于中国来说比以往任何时候都重要。

第二，贸易摩擦增多，领事保护压力上升。随着中国对外贸易的扩大，中国连续18年成为世界上遭遇反倾销调查最多的国家，连续8年成为遭遇反补贴调查最多的国家。② 中国企业在世界各大洲都遇到了经营理念、产品质量、市场份额等方面的冲突，这些冲突不仅酿成了贸易争端，有些还导致产品被焚烧、企业员工被绑架等事件。随着中国企业走出去，中国遭遇的领事保护问题会不断上升，类似2011年利比亚撤侨的领事保护事件发生的频率可能更高。这要求我们"切实维护我国海外利益，不断提高保障能力和水平，加强保护力度"。③

第三，国内与国外安全问题交织。近年来，中国与世界其他国家一样日益面临着新恐怖主义的威胁与挑战。北京"10·28"、昆明"3·01"、乌鲁木齐"4·30"、乌鲁木齐"5·22"等多起暴力恐怖袭击案件，都有明显的国外背景。境外"东伊运"恐怖组织通过互联网络新媒体，向中国境内传播宗教极端思想、招募人员、培训暴恐袭击方法、煽动实施恐怖袭击。在他们的煽动下，中国恐怖分子经由东南亚前往中东参加"圣战"的案例，近年也已发生多

---

① 参见《中国原油进口依赖日深如何确保能源安全?》，新华网，http：// xinhuanet.com，2013年3月28日。

② 《中国连续18年成遭反倾销调查最多的国家》，中国新闻网，http：//finance.chinanews.com/cj/2014/01-16/5746736.shtml，2014年1月16日。

③ 《习近平出席中央外事工作会议并发表重要讲话》，新华网，http：//news.xinhuanet.com/politics/2014-11/29/c_1113457723.htm，2014年11月29日。

起。加强内政与外交的协调是中国与外部世界联系加深的客观要求。

二、总体国家安全观体现国家发展需要

总体国家安全观以人民安全为宗旨，以政治安全为根本，以经济安全为基础，以军事、文化、社会安全为保障，以促进国际安全为依托，体现了当代中国发展的客观需要。将总体安全纳入执政视野，反映出新一届中央领导集体开始从更大范围、更多角度、更高境界审视国家安全与国际关系。

第一，总体国家安全观体现了新时期国家内外安全治理相互协调的需要。由于只强调国际安全，中国过去提出的"新安全观"本质是一种"对外安全观"。习近平同志提出的"总体国家安全观"，把"内部安全"和"外部安全"作为国家安全不可分割的两个方面来论述，对国家安全的认识更加完整和全面。从内政方面来看，中国特色的社会主义道路是中国最大的国情。这就决定国家政治安全至关重要，其中最突出的问题就是意识形态安全。因此，意识形态被认定为"党的极端重要的工作"，[1] 中国宪法确立的国家政治制度和社会大局稳定是中国的核心利益。国家安全工作必须坚定维护国家的核心利益。从对外关系来看，随着中国日益融入国际体系，国内安全、国际安全和全球安全的界限出现交叉和模糊的趋势。国内问题国际化与国际问题国内化的现象已经成为普遍现象。正因为如

---

[1] 中共中央宣传部：《习近平总书记系列重要讲话读本》，北京：学习出版社、人民出版社2014年版，第105页。

此，"贯彻落实总体国家安全观，必须既重视外部安全，又重视内部安全，对内求发展、求变革、求稳定、建设平安中国，对外求和平、求合作、求共赢、建设和谐世界"。①

第二，总体国家安全观反映了国土安全与国民安全相协调的需要。习近平同志在中央国家安全委员会第一次会议上指出，总体国家安全观以人民安全为宗旨，既重视国土安全，又重视国民安全，坚持以民为本、以人为本，坚持国家安全一切为了人民、一切依靠人民，真正夯实国家安全的群众基础。②维护国家的主权和领土完整固然是国家安全的要务，然而国家并不是简单的符号和无生命的土地。"国家"（NATION）的概念自创立之初就有民族、国民的含义。换言之，国家的核心在于人民。"以人为本""执政为民"是我们党和政府各项工作的出发点和落脚点。维护国家安全的根本目的，就是为了实现人民安全，让人民安居乐业、幸福生活。人民对国家的认同和支持，是国家安全的根本依托和支撑。只有把国家安全建立在人民安全基础之上，国家安全才能真正固若金汤。③

第三，总体国家安全观体现了新时期传统安全维护与非传统安全治理相协调的需要。主权、领土等传统安全领域具有明显的排他性、零和性，军事安全问题始终居于首位。在后冷战时代，世界各国面临的全球性挑战的日益上升，在应对气候变化、跨国恐怖主义和国际经济危机等非传统安全领域，各国合作需求大大增强。在霸

---

① 《习近平总书记在国家安全委员会第一次会议上提出：坚持总体国家安全观走中国特色国家安全道路》，《人民日报》2014年4月16日。

② 同上。

③ 马占魁、孙存良：《人民安全是国家总体安全观的宗旨》，《光明日报》2014年5月31日。

权主义、强权政治等传统安全问题没有根本解决的情况下，非传统安全问题已进入国家间关系的议事日程，它们相互影响、相互作用，增加了当代安全问题的复杂性。例如，叙利亚内战不仅令该国经济倒退，公共设施被大面积破坏，而且为国际恐怖主义势力滋生提供了有利场所，反过来又威胁着整个地区的和平与安全。因此，只有"既重视传统安全，又重视非传统安全，构建集政治安全、国土安全、军事安全、经济安全、文化安全、社会安全、科技安全、信息安全、生态安全、资源安全、核安全等于一体的国家安全体系"①，才能综合保障国家的安全。

第四，总体国家安全观体现了安全与发展相协调的需求。安全与发展是互促互进、互为条件、高度融合的有机统一关系。改革开放以来，中国的发展得益于周边环境的基本稳定。创造和维护中国发展的战略机遇期，争取一个较长时期和平稳定的国际环境，是中国实现可持续发展的前提。"发展是硬道理"，只有国家发展，国民富裕，落实国家安全才会有物质保障。从非传统安全的角度来看，也只有实现发展，才能从根本上消除恐怖主义的根源。建立在坚实经济基础上的安全才是可靠、持久的安全。因此，习近平主席提出，应该"既重视发展问题，又重视安全问题，发展是安全的基础，安全是发展的条件，富国才能强兵，强兵才能卫国"②。

第五，总体国家安全观体现了自身安全与共同安全相协调的需求。20 世纪两次世界大战和冷战的惨痛教训告诉我们，冲突和对抗没有出路。随着安全观念不断发展，人们越来越意识到安全是共同

---

① 《习近平总书记在国家安全委员会第一次会议上提出：坚持总体国家安全观走中国特色国家安全道路》，《人民日报》2014 年 4 月 16 日。

② 同上。

的和相互的，一国的安全不仅是本国的事情，也要以他国安全为条件，离不开他国的支持与合作。合作而不是对抗是获得持久和平和安全的唯一方式。在全球化的背景下，只有"既重视自身安全，又重视共同安全，打造命运共同体，推动各方朝着互利互惠、共同安全的目标相向而行"①，世界的持久和平才会有保障。

总的来看，总体国家安全观内外安全融合，国家安全和国民安全结合，安全与发展统一，传统安全与非传统安全兼顾，自身安全与共同安全一体，客观反映了当代中国的国家需求，具有鲜明的中国特色。

三、总体国家安全观代表中国发展和世界进步的趋势

当今国际关系处在大变革大调整之中，如何维护国家的安全，是人们热议的话题。有些人关注国家的内部威胁，如美国国际关系委员会主席理查德·哈斯（Richard N. Haass）在其著作《外交政策源自国内》② 中提出，美国最大的威胁来自内部而非外部。也有人强调威胁来自外部介入，如围绕乌克兰危机引发的"新冷战"讨论。中国总体国家安全观的提出体现了中国人在安全问题上的最新认识，全面深刻，代表了中国发展和世界进步的趋势。

---

① 《习近平总书记在国家安全委员会第一次会议上提出：坚持总体国家安全观走中国特色国家安全道路》，《人民日报》2014 年 4 月 16 日。

② Richard N. Haass, *Foreign Policy Begins at Home*（New York：Basic Books, 2013）.

（一）全面保障，促进国家内政与外交协同进步

实现中华民族伟大复兴的"中国梦"，对内是要建成富强、民主、文明、和谐的社会主义现代化国家，对外是要构建持久和平、共同繁荣的新型国际关系。总体国家安全观的目的就是统筹协调、全面保障国家内外目标的实现。

从内政方面来看，实现国家的全面、协调、可持续发展是主要任务。具体体现为"四个全面"，即全面建成小康社会、全面深化改革、全面依法治国、全面从严治党。上述目标决定了总体国家安全观必须把不同方面和不同层次的需求组成一个不可分割的整体，通过完善国家安全体制机制，为国家的社会、经济和政治发展提供"总体保障"。

从外交方面来看，当代中国面临崛起进程中的结构性压力，建设中国特色的大国外交是主要目标。国际金融危机爆发以来，中国走进了国际舞台的中央，西方对我的防范加大，周边国家疑虑加深，长期存在的历史遗留问题凸显。国际环境和自身实力的变化要求对外工作进行相应的调整。在 2014 年 11 月的中央外事工作会议上，习近平同志明确提出了中国特色大国外交的理念。这表明，在做好自身发展工作的同时，中国将弘义融利、以义为先，努力在维护世界和平与发展中承担与自身能力相适应的更大责任。承担更大责任也意味着必须面对更大的风险。只有通过总体安全安排，创造和维护中国和平发展的国际环境，建设中国特色大国外交的目标才有保障。

国内的协调发展，内政外交的共同进步是中国发展的关键。总体国家安全观通过提供总体保障，将中国的国内改革和对外和平发展的目标有机连接起来，体现了中国发展的方向。

（二）互利共赢，推进新型国际关系建设

2014 年 5 月 21 日，习近平在亚信（亚洲相互协作与信任措施）第四次峰会发表主旨演讲，提出了共同安全、综合安全、合作安全、可持续安全的亚洲安全观。[①] 这是提出总体国家安全观后，习近平首次将中国的总体国家安全观在对外关系方面做详细阐述。共同、综合、合作、可持续的亚洲安全观与和平、发展、合作、共赢的世界潮流一致，代表了新型国际关系建设的方向。

共同安全是要尊重和保障每一个国家安全。共同安全强调，安全应该是普遍的，不能一个国家安全而其他国家不安全；安全应该是平等的，各国都有平等参与地区安全事务的权利，也都有维护地区安全的责任；安全应该是包容的，应该恪守尊重主权独立、领土完整、互不干涉内政等国际关系基本准则，尊重各国自主选择的社会制度和发展道路，尊重并照顾各国的合理安全关切。

综合安全是要统筹维护传统领域和非传统领域安全。当代安全问题极为复杂，不仅局限于军事和政治领域，而且扩大到了经济、科技、文化、环境和社会问题等各方面，传统安全威胁和非传统安全威胁相互交织。因此，必须通盘考虑，通过一定的制度和机制建

---

① 《习近平在亚信第四次峰会作主旨发言》，中国新闻网，http://www.chinanews.com/gn/2014/05-21/6195322.shtml，2014 年 5 月 21 日。

设综合解决安全问题。

合作安全是要通过对话合作，促进地区和世界安全。一国的安全不仅是本国的事情，也要以他国安全为条件，离不开他国的支持与合作。合作安全强调，获取安全的主要方式是合作而不是对抗，要通过坦诚对话，增进战略互信，求同化异。合作安全主张，从低敏感领域入手，培育合作应对安全挑战的意识，不断扩大合作领域、创新合作方式，以合作谋和平、以合作促安全。

可持续安全强调安全和发展并重。发展是安全的基础，安全是发展的条件。发展是最大的安全，也是解决地区安全问题的总钥匙。只有积极改善民生、缩小贫富差距，才能夯实安全的根基。只有通过推动共同发展，努力形成经济合作和安全合作良性互动，可持续安全才能真正得到保障。

总的来看，在世界多极化、经济全球化深入发展，安全挑战层出不穷的今天，世界各国正在形成紧密相连的命运共同体。总体国家安全观告诉我们，唯有内外统筹、守望相助、同舟共济，才能实现人民安康、国家安全、社会安定；只有放弃冷战思维，建立不冲突、不对抗、相互尊重的新型大国关系和以合作共赢为基础的新型国际关系，国家间的持久和平和共同繁荣才有希望。

第二章　城市外交与城市形象

城市外交的发展与北京市的实践[*]

查雯[**]

2005 年 1 月 12 日,国务院总理温家宝主持召开国务院常务会议,讨论并原则通过了《北京城市总体规划(2004—2020 年)》,规划首次提出了北京将于 2020 年左右确立"具有鲜明特色的现代国际城市的地位",以及于 2050 年左右"进入世界城市行列"的战略目标,这也为北京的城市外交工作指明了方向。同年 8 月,市委、市政府印发《北京市外事工作发展规划(2004—2008 年)》,要求全市认真贯彻执行规划,更好地为中央外交全局服务,为首都经济和社会协调发展服务,为日益增长的国际交往服务。

北京市对于城市外交工作的重视适应了世界潮流。在世界范围内,随着全球化进程的推进,世界外交舞台上的行为体也日趋多元化,超国家组织、非政府组织的出现与活跃证明外交活动并非主权

---

* 本文载于刘波主编《北京国际交往中心:建设研究专题》,北京:知识产权出版社 2016 年版,第 17—27 页。

** 查雯,外交学院国际关系研究所副教授。

国家（即一国中央政府）的专属权利。与此同时，越来越多的城市和地方政府也积极参与到国际事务中来，通过与其他国家各级政府建立联系、与国际组织互动等方式，影响其他国家及超国家组织的政策制定，谋求地方利益和本国利益的最大化。

本文共分为四个部分：第一部分回顾城市外交的兴起，并对城市外交在世界范围内的发展进行概述；第二部分讨论城市外交与中央政府整体外交之间的关系，并将理论研究与中国现实相结合；第三部分考察北京城市外交的发展现状，对北京缔结"友好城市"关系、参与"跨国城市网络（Transnational City Network，简称 TCN）"等方面的情况进行梳理；第四部分探讨在中国推行"一带一路"大战略的背景下，北京城市外交工作的发展方向。

一、城市外交的兴起与发展

城市外交的实践有着悠久的历史。有学者将城市外交的起源追溯到古希腊时期的城邦外交，认为在威斯特伐利亚体系兴起之后，主权国家才逐渐取代了城市，占据了外交舞台上的主导地位。[①] 另一些学者则认为，城市外交起源于第一次世界大战之后的西欧——为了弥合战争创伤、推动国家间关系的和睦，英国约克郡的凯里市和法国普瓦市结成了世界上第一对友好城市。[②] 尽管学界对城市外

[①] Rogier van der Pluijm and Jan Melissen, *City Diplomacy: The Expanding Role of Cities in International Politics* (The Hague: Netherlands Institute of International Relations, 2007), p. 5.

[②] 赵可金、陈维：《城市外交：探寻全球都市的外交角色》，《外交评论》2013 年第 6 期，第 63 页。

交的起源还存在诸多争议，但毋庸置疑的是，在第二次世界大战结束后的几十年中，世界范围内的城市外交已经取得了突飞猛进的发展，这主要体现在以下三个方面：

第一，友好城市的数量极大增加。据不完全统计，目前已有165个主要国家的12596座城市结成了16487对友好城市关系。[①] 我国的友城活动始于1973年，这一年天津市和上海市分别与日本的神户市和横滨市结为友好城市，此后我国的友好城市呈加速增长态势，截至2015年，我国城市与世界各国城市结成的友好城市关系已达到2209对。[②]

第二，城市外交多边化、网络化的趋势日益明显，跨国城市网络不断涌现。第一个跨国城市网络是1913年在荷兰成立的地方政府国际联盟（The International Union of Local Authorities，简称IULA）。二战结束后，一批城市网络组织涌现出来，其中包括1946年成立的双城组织（Town-Twinning），1951年成立的欧洲市政和地区理事会（The Council of European Municipalities and Regions，简称CEMR）、1956年成立的国际姐妹城市（Sister Cities International，简称SCI）和1957年成立的联合城镇组织（United Town Organization，简称UTO）等。进入20世纪80年代后，跨国城市网络的数量大幅攀升、规模不断扩大，仅就可持续发展一个议题而言，跨国城市网络就从1982年的8个增加到了2004年的49个。[③] 2004年成立的世界城市

---

① Sister Cities of the World, http：//en. sistercity. info/，登录时间：2014年7月24日。

② 中国人民对外友好协会：《全国历年对外结好一览表》，http：//www. cifca. org. cn/Web/JieHaoBiao. aspx，登录时间：2015年8月15日。

③ Marco Keiner and Arley Kim, "Transnational City Networks for Sustainability," *European Planning Studies*, Vol. 15, No. 10, 2007, p. 1327.

和地方联合（United Cities and Local Governments，简称 UCLG）是其中最具影响力的一个，截至 2016 年，已有 136 个国家的城市加入了 UCLG。跨国城市网络极大地拓宽了城市与城市之间的交往面。联合国人居署 2001 年的数据显示，全世界 70% 的城市都展开了与其他国家城市的国际合作，而其中 68% 的联系是通过城市网络联盟建立的。[1] 另一个值得注意的动向是，各国的地方政府也积极组成联盟，以集体身份在海外进行自我推广，参加甚或是主持运转跨国城市网络，实现了国内城市网络与国际城市网络的对接。

面对城市外交的新形式，我国城市和地方政府也采取了积极适应的姿态，并取得了显著成绩。以 UCLG 为例，截至 2016 年，我国大陆共有 21 个会员省市，分别是北京市、上海市、天津市、广州市、重庆市、沈阳市、武汉市、杭州市、海口市、长春市、大连市、哈尔滨市、吉林市、成都市、郑州市、南宁市、深圳市、西安市、昆明市、福州市和湖南省。2007 年，UCLG 主席团改选，广州市成功取得 UCLG 的联合主席席位，并在 2010 年打破该组织惯例取得了连任。[2]

第三，城市外交的内涵得到极大延展，城市外交不再仅停留在促进文化交流和经济合作等"低级政治"议题上，更向政治、安全等"高级政治"议题拓展，一些国家的城市甚至在他国冲突解决、和平构建的过程中发挥了极大作用。2005 年，城市网络组织 UCLG

---

① 联合国人居署：《全球化世界中的城市：全球人类住区报告 2001》，北京：中国建筑工业出版社 2004 年版，第 11 页。

② 熊炜，权家运：《广州的"地方政府联合国"之旅——广州竞选 UCLG 联合主席案例分析》，韩方明主编：《城市外交：中国实践与外国经验》，北京：新华出版社 2014 年版，第 3—13 页。

还专门成立了"城市外交，和平构建与人权委员会"，该委员会为城市外交做出了如下定义："城市外交是地方政府及其联盟通过确实和实际的城市与城市合作，帮助冲突及战争中的地方政府的工具，其目的在于创造稳定的环境，使市民可以在和平、民主和繁荣中生活。"①

根据荷兰国际关系研究所学者罗吉尔·范·德·普拉伊吉姆（Rogier van der Pluijm）与简·梅利森（Jan Melissen）的定义，城市外交涉及以下六个方面的内容：（1）安全，指冲突解决，冲突预防，调解及和平构建。（2）发展，指由一国城市为其他国家的城市提供发展援助。（3）经济，指城市通过外交活动扩大经济利益，为城市吸引外资、游客、国际组织、国际会议，并扩大城市的商品、服务及知识的对外输出。（4）文化，指城市通过外交活动向其他国家公民推广城市文化及意识形态等。（5）网络，指城市通过外交互动形成地区、洲际，及全球范围内的组织，并成为组织成员。（6）代表，指城市通过外交活动，在国际政治舞台上代表自身利益，影响超国家层面的决策制定。② 应该说，我国的城市外交主要集中在"发展""经济""文化""网络"四个方面，而在"安全"与"代表"这两个方面，我国城市的外交活动则较为有限。

---

① UCLG, "A Working Conference of United Cities and Local Governments," http://www.cities-localgovernments.org/uclg/upload/newTempDoc/EN_251_city_diplomacy_circular_4_eng.pdf, 2006-10-07.

② Rogiervan der Pluijm and Melissen, *City Diplomacy*, pp. 19-32.

二、城市外交与整体外交

城市外交与一国中央政府的整体外交有着怎样的关系？随着城市外交的不断发展，这一问题也变得更加突出。一方面，出于自身利益的考虑，一些城市开始寻求不同于中央政府的外交政策目标，与中央政府的外交形成了竞争关系，这一现象在联邦制国家中体现得尤为明显。例如，20 世纪 80 年代中后期开始，美国 200 个城市通过决议对全面核禁试表示支持，这就与美国中央政府只禁止在大气中进行核试验的立场相左。[①] 另一方面，一些国家的中央政府无力应对日益复杂的政策环境，开始向地方政府下放权力，这使得地方政府在处理跨国事务时获得了更大的自主空间。从这个意义上说，城市外交又与中央政府的整体外交形成了互补。

对于城市外交与中央政府整体外交之间的关系，学界也存在一定争议。一些学者认为，城市外交的出现打破了中央政府对外交的垄断，与中央政府的整体外交并驾齐驱，导致了外交政策的分散化。詹姆斯·罗西瑙（James Rosenau）于 1990 年提出的"两枝世界"理论就认为，世界政治已经发生了根本变化，两枝世界的其中一枝仍然是由主权国家主导的世界，另一枝则是由不受主权约束的行为体主导的多中心世界，城市就是多中心世界中重要的一类行为体。[②] 伊夫·杜恰切克（Ivo Duchacek）提出了"被穿透的主权"以

---

① 陈志敏：《次国家政府与对外事务》，北京：长征出版社 2000 年版，第 93 页。

② James Rosenau, *Turbulence in World Politics: A Theory of Change and Continuity* (Princeton: Princeton University Press, 1990), pp. 3-96.

及"平行外交"的概念，认为地方政府参与外交事务可能导致外交政策的割裂，破坏外交政策的一致性，并影响中央政府的权威与效率。①

与之相反，另一些学者则更加强调城市外交的从属性、合作性。比如，龚铁鹰就指出城市外交是国家总体外交的一个组成部分，属于半官方外交，其主要作用首先体现在配合国家总体外交上。② 赵可金和陈维则为城市外交做出如下定义，认为"城市外交是在中央政府的授权和指导下，某一具有合法身份和代表能力的城市当局及其附属机构，为执行一国对外政策和谋求城市安全、繁荣和价值等利益，与其他国家的官方和非官方机构围绕非主权事务所开展的制度化的沟通活动。"③

就中国的现实而言，作为一个单一制国家，中国城市外交的从属性和合作性大于其对中央政府整体外交构成的竞争性。事实上，在中国城市外交的发展过程中，来自中央政府层面的推动起到了关键的作用。改革开放以来，中央权力的多轮下放使得地方政府成为中国外交事务中的重要参与者，这尤其体现在吸引外资、扩大外贸、促进本地经济发展方面。④ 同时，中国特色的行政管理体系在一定程度上保证了地方政府的外交行为不至于损害中央政府的对外

① Ivo D. Duchacek, "Perforated Sovereignties: Towards a Typology of New Actors in International Relations," in Hans J. Michelmann and Panayotis Soldatos, eds., *Federalism and International Relations: The Role of Subnational Units* (Oxford: Clarendon Press, 1990), pp. 28-30.

② 龚铁鹰：《国际关系视野中的城市——地位、功能及政治走向》，《世界经济与政治》2004年第8期，第39、42页。

③ 赵可金、陈维：《城市外交：探寻全球都市的外交角色》，《外交评论》2013年第6期，第69页。

④ 赵可金：《嵌入式外交：对中国城市外交的一种理论解释》，《世界经济与政治》2014年第11期，第146页。

政策目标。比如，国务院、外交部等部门对地方政府的外事管理部门和对外经贸机构进行经常性的业务指导；地方政府的国际活动多由编制内的政府职员执行，而不是依靠与私营部门的合作。①

总体上看，中国的城市外交带来了中央和地方的共赢局面，但这并不意味着，协调中央与地方政府外交行为的制度已经达到完善的水平。第一，中国各地区城市外交的发展水平仍具有较大差距。一些城市的外交工作搞得好，在很大程度上得益于与中央的沟通较为有效。有学者就指出，一批上海领导人同时担任中央政治局委员，并通过政治局会议等渠道熟悉国家战略，这为上海建设国际化大都市提供了有效保障。② 如何加强制度建设，使中国其他城市，尤其是边远地区的城市外交水平得以提升，是亟待解决的问题。第二，一些地方政府的行为与中央政府的外交政策不符，并产生了"外溢"效应，影响了国家间关系。比如，在南海问题上，一些地方政府在追求地方经济利益的时候，其行为与外交部的表态存在一定差异，这也激发了外界对于中国南海政策的疑虑。③ 第三，在完善"从上至下"的约束机制的同时，也应进一步改进"从下至上"的反馈机制。地方政府的态度直接影响一国外交政策的执行，④ 这也要求中央政府在制定整体外交政策的过程中充分考虑地方利益，

① 陈志敏：《次国家政府与对外事务》，北京：长征出版社 2000 年版，第 322—325 页。

② 赵可金：《嵌入式外交：对中国城市外交的一种理论解释》，《世界经济与政治》2014 年第 11 期，第 153 页。

③ 国际危机组织：《南海翻波 I》，北京，2012 年，第 9 页，https://www.crisisgroup. org/zh-hans/asia/south-east-asia/south-china-sea/stirring-south-china-sea-i，登录时间：2015 年 8 月 15 日。

④ Brian Hocking, *Localizing Foreign Policy: Non-Central Governments and Multilayered Diplomacy* (New York: St. Martin's Press, 1993), p. 49.

从而从根源上减少地方政府"阳奉阴违"情况的发生。

三、北京市的实践

北京市的友城活动始于 1979 年，东京于当年 3 月同北京结为友好城市。此后，北京的友城工作加速发展：1980—1989 年，北京结成友好城市关系仅 8 对，而 1990—1999 年，北京新增友好城市数量翻了一番，达到 17 对。2000 年以后，北京的友城工作取得的成绩一度十分有限，2000—2004 年，仅缔结友好城市关系 1 对。但随着 2008 年北京奥运会筹备工作的展开，北京市的友城工作取得了突飞猛进的进展，2005—2008 年，北京结成的友城关系多达 16 对，成功实现了《北京市外事工作发展规划（2004—2008 年）》确定的任务和目标。到 2015 年 4 月为止，北京已与 47 个国家的 52 个城市建立了友好城市关系，其中欧洲国家城市 21 个，亚洲 15 个，美洲 10 个，非洲和大洋洲各 3 个，友城关系的布局更趋合理。[①]

除了在数量上有所增加以外，北京市的友城工作还向"多层次""宽领域"的方向发展。"多层次"体现在北京市下辖各区县也积极展开了友城工作，截至 2014 年 5 月，区县友城已经达到 97 个（其中在全国人民友好协会备案的有 11 个）。"宽领域"则指友城合作涉及的议题更加多样化：在"发展"方面，在 2009—2014 年间，根据外交部、中联部的要求以及驻外使领馆建议，北京市分别向哈

---

① 相关数据参见中国人民对外友好协会《全国各省、自治区、直辖市建立友好城市统计》，http://www.cifca.org.cn/Web/JieHaoBiao.aspx，登录时间：2015 年 8 月 15 日。

萨克斯坦阿斯塔纳市、阿尔巴尼亚地拉那市、哥斯达黎加圣何塞市等 16 个友城开展了 18 项捐赠活动；在"经济"方面，友城也成为促进北京对外经贸合作的重要渠道，2010 年和 2012 年，北京先后举办了两届以友城为参与主体的"城市可持续发展论坛"，期间共促成 30 个合作项目的签约；在"文化"方面，在 2009—2014 年，北京共与 42 个友城开展了 69 项文化交流项目。①

就参与城市网络组织、开展多边外交方面，北京市也取得了一定成绩。2005 年，北京市正式向城市网络组织 UCLG 提出申请，并于 2006 年成为该组织会员。2007 年 10 月 28 日，在韩国济州举行的 UCLG 第二届世界大会上，北京市被推选为该组织世界理事会和执行局成员，并于 2010 年成功竞选连任。2008 年，北京又加入世界奥林匹克城市联盟等多边组织，并参加了第五届国际水都会议、第九届世界大都市会议等一系列城市多边外交活动。多边城市网络日益成为北京市获取技术支持、破解城市发展难题的重要渠道。比如，北京就根据自身发展的需要，加入了 UCLG 的城市交通委员会和数字知识城市委员会。② 与此同时，北京市也开始在多边城市外交舞台上发挥主导作用。2012 年，北京发起成立了世界旅游城市联合会（World Tourism Cities Federation，简称 WTCF），邀请世界各国城市加强合作、共享旅游发展经验。至今，WTCF 已经从成立之初的 58 个城市和机构增加到了 135 个会员单位，其中城市会员 88 个，

---

① 本段内容涉及的数据参见赵会民《关于北京市国际友好城市工作情况的报告——2014 年 5 月 22 日在北京市第十四届人民代表大会常务委员会第十一次会议上》，http：//fuwu. bjrd. gov. cn/rdzw/information/exchange/bulletinwords. do? method＝showInfoWeb&Id＝2014975，登录时间：2015 年 9 月 10 日。

② 北京市人民政府外事办公室：《外事年鉴》，http：//www. bjfao. gov. cn/zwgk/wsnj/index. htm，登录时间：2015 年 9 月 30 日。

机构会员 47 个。①

在与国家整体外交进行协调方面，服务于整体外交一直是北京城市外交的首要原则。首先，在维护国家主权和核心利益方面，北京利用友城渠道开展涉外斗争。1980 年、1984 年，北京市先后与美国纽约、华盛顿结为友好城市，但因政治原因，北京中断了与这两个城市的友好关系达 15 年，直到 2004 年才得以恢复。② 1997 年，北京市与巴黎市结为友好城市。2008 年，法国巴黎市长向巴黎市议会提议授予达赖“巴黎荣誉市民”称号，提议获得巴黎市议会通过，北京市为此发表公开反对声明，并通过相关市属媒体发表了《北京市坚决反对巴黎市授予达赖“荣誉市民”称号的公开声明》。③其次，在落实国家领导人出访方面，北京城市外交也起到了十分积极的作用。2010 年，时任国家副主席的习近平访问白俄罗斯，北京市推动住总集团和首旅集团等企业在明斯克市投资建设明斯克“北京饭店”；2013 年，李克强总理出访印度，此后北京与印度德里邦缔结了友好城市关系，④ 这些举措都为国家间关系的发展添加了更为切实的内容。再次，城市外交还起到了国家整体外交无法起到的

---

① 世界旅游城市联合会，http：//cn. wtcf. travel/，登录时间：2015 年 9 月 30 日。

② 高龙：《友好城市因何“死亡”或“冬眠”?》，《南方都市报》2012 年 5 月 16 日，http：//news. sina. com. cn/c/2012-05-16/051924423026. shtml；北京市人民政府外事办公室：《外事年鉴》，http：//www. bjfao. gov. cn/zwgk/wsnj/index. htm，登录时间：2015 年 9 月 30 日。

③ 高龙：《友好城市因何“死亡”或“冬眠”?》，《南方都市报》2012 年 5 月 16 日，http：//news. sina. com. cn/c/2012-05-16/051924423026. shtml；北京市人民政府外事办公室：《外事年鉴》，http：//www. bjfao. gov. cn/zwgk/wsnj/index. htm，登录时间：2015 年 9 月 30 日。

④ 赵会民：《关于北京市国际友好城市工作情况的报告——2014 年 5 月 22 日在北京市第十四届人民代表大会常务委员会第十一次会议上》，http：//fuwu. bjrd. gov. cn/rdzw/information/exchange/bulletinwords. do? method＝showInfoWeb&Id＝2014975，登录时间：2015 年 9 月 10 日。

作用。在中日两国关系的艰难时期，北京市和区两级人大与东京都各级议会的友好交往，在培育知华友好力量方面就发挥了重要作用。[①]

四、建设 "一带一路" 大背景下的北京城市外交

2013 年 9 月 7 日，中国国家主席习近平在哈萨克斯坦纳扎尔巴耶夫大学作重要演讲，提出共同建设 "丝绸之路经济带" 的设想。同年 10 月 3 日，习近平在印度尼西亚国会发表题为《携手建设中国—东盟命运共同体》的重要演讲，指出中国愿同东盟国家加强海上合作，共同建设 21 世纪 "海上丝绸之路"。"一带一路" 大战略的提出为中国今后的整体外交明确了工作重点，同时也为中国城市的城市外交工作指出了新的方向。自古以来，城市就是人类政治、经济、文化交流通道上的重要节点，是人类文明的集大成者，历史上丝绸之路的出现对诸多节点城市的繁荣、发展起到了决定性的作用。当下，大力发展与 "一带一路" 沿线城市的城市外交，将是对国家大战略的有益补充，同时也将为城市促进自身发展提供难得的机会。

就国家利益而言，开展城市外交可以有效缓解周边国家对 "中国威胁" 的担忧。近年来，随着中国经济的快速发展和国力的迅速

---

① 赵会民：《关于北京市国际友好城市工作情况的报告——2014 年 5 月 22 日在北京市第十四届人民代表大会常务委员会第十一次会议上》，http：//fuwu. bjrd. gov. cn/rdzw/information/exchange/bulletinwords. do？method＝showInfoWeb&Id＝2014975，登录时间：2015 年 9 月 10 日。

提升，中国与周边国家间的力量结构急剧变化，这引发了不少国家的担忧，一些国家的政策制定者对中国的"一带一路"战略存有疑虑，担心在经济上对中国的过度依赖，将使其在领土主权等政治安全议题上处于劣势，这样的担忧在一定程度上阻碍了中国"一带一路"大战略的推进。而相较主权国家的外交活动而言，以城市为行为主体的外交活动政治意味较弱，经济、文化意味较强，以城市为主体开展的外交工作有助于缓解"中国威胁论"，加强中国与"一带一路"沿线国家间的相互了解。

就北京市的地方利益而言，在"一带一路"沿线开展城市外交，有助于北京与沿线城市互通有无，推进"引进"与"输出"的双向流通。就"引进"而言，与发达国家相比，北京在促进城市的可持续发展方面相对落后。在多边合作中，北京更多的是一个学习者，而非传授者。很多发展中国家的城市在发展中遇到的问题（如空气污染、交通堵塞等），也是北京亟待解决的问题。通过参与跨国城市网络，北京市不仅可以从发达国家城市引进先进技术，也可以吸取其他发展中国家城市的经验教训，为解决自身问题寻求出路。而在"输出"方面，北京是一个充满活力的经济体，具有一定资本优势。"一带一路"沿线城市在推进可持续发展的过程中，面临着基础设施升级的问题，这也涉及大量的资金投入。而目前的城市网络组织可以提供的支持往往仅局限在技术、信息方面，融资方面的支持则略显不足。因此，我们有理由相信，"一带一路"沿线城市的市政改造可以成为北京企业海外投资的一个新方向。北京市政府可以在引领海外投资的过程中起到牵头作用，以私人领域的投资促进城市外交的开展。

此外，北京还应在构建中国城市网络的过程中发挥领导作用。如前所述，很多国家的地方政府积极组成城市联盟，以集体身份在海外进行自我推广。一个典型的案例就是日本国自治体国际化协会（Council of Local Authorities for International Relations，简称CLAIR），该协会成立于1988年，旨在支援日本地方政府的国际交流活动，主要职责包括协助缔结友好城市，向海外介绍日本地方行政、财政制度等，并在纽约、伦敦、巴黎、新加坡、首尔、悉尼，以及北京都设有海外事务所。这种机构的设立有效提高了城市外交的专业水平，同时有利于各城市整合外交资源，降低外交成本。鉴于此，中国城市也应尽快改变"单打独斗"的局面。作为首都，北京具有更为丰富的城市外交经验，有更为专业的外事工作人员，因此，北京理应带头搭建中国城市网络，实现中国城市网络与跨国城市网络的对接，这也有助于弥合中国不同地区城市外交水平的巨大差异。

综上所述，在整个世界范围内，城市外交已经进入了蓬勃发展的阶段，出现了多边化、网络化的趋势，城市外交的内涵也不断扩展。北京市对城市外交的重视，适应了这一世界潮流。近年来，北京的城市外交工作呈现出"全方位""多层次""宽领域"的发展态势，而能否在"一带一路"战略的大框架下，实现城市外交工作的新飞跃将是对北京市的又一考验。

从"交流"到"合作"：
日本在东南亚的城市外交[*]

查　雯[**]　刘　云[***]　周　幻[****]

　　早在"城市外交"这一概念被明确提出之前，地方政府和城市的外交活动就引起了理论界的广泛关注。2007 年，荷兰国际关系研究所的罗吉尔·范·德·普拉伊吉姆与简·梅利森明确提出了"城市外交"（city diplomacy）的概念。[①] 此后，"城市外交"这一表述逐渐取代"次国家政府外交"（subnational diplomacy）、"非中央政府外交"（non-central government diplomacy）等提法，被越来越多的

　　* 本文系北京市社会科学基金研究基地项目 "21 世纪海上丝绸之路上的东南亚城市外交"（项目编号：14JDKDB002）的阶段性研究成果。本文同时也是北京对外交流与外事管理研究基地成果，受北京市教育委员会专项资助。本文发表于《外交评论》2016 年第 6 期。

　　** 查雯，外交学院国际关系研究所副教授。
　　*** 刘云，外交学院外交学与外事管理系学生。
　　**** 周幻，外交学院外交学与外事管理系学生。

　　① Rogier van der Pluijm and Jan Melissen, *City Diplomacy*：*The Expanding Role of Cities in International Politics*, Netherlands Institute of International Relations, 2007.

政策制定者、机构及学者所采用。[①]

本文考察日本在东南亚地区的城市外交活动，并分析其发展趋势和原因。日本在东南亚的城市外交实践开始较早，如果以友好城市的缔结作为参考指标，早在 1965 年，日本就在该地区缔结了第一对友好城市。[②] 20 世纪 80 年代末以来，日本的城市外交进入快速发展阶段，日本自治体不再满足于象征意义较强的友城关系的建立，城市外交的形式更加多样化，且更加注重实效，自治体的外交活动也对中央政府外交形成了有益的补充。

本文以东南亚地区为研究重点，主要原因有二：首先，东南亚一直是日本外交工作的重点。从国家整体利益的角度来看，东南亚地区对日本具有极高的战略价值。在外交方面，东南亚国家曾在第二次世界大战期间饱受日本侵略者蹂躏，修复并强化与东南亚国家的联系，对日本在亚洲乃至全球舞台上奠定大国地位起着决定性作用；在经济方面，东南亚国家既是日本重要的出口市场和投资目的地，也是其原材料及能源的主要供应地；在安全方面，东南亚国家扼守海上交通要道，关系到日本的能源与军事安全，这一地区还有

---

① 2014 年 5 月 15 日，习近平主席在中国国际友好大会暨中国人民对外友好协会成立 60 周年纪念活动的讲话中，首次将"城市外交"与民间外交、公共外交一并提出。参见习近平《在中国国际友好大会暨中国人民对外友好协会成立 60 周年纪念活动上的讲话》，新华网，http：//news. xinhuanet. com/politics/2014-05/15/c_1110712488. htm，2016-07-02。国内学界使用"城市外交"这一表述来概括各级地方政府外交活动的研究，参见赵可金、陈维《城市外交：探寻全球都市的外交角色》，《外交评论》2013 年第 6 期，第 67 页；韩方明主编：《城市外交：中国实践与外国经验》，北京：新华出版社 2014 年版；李小林主编：《城市外交：理论与实践》，北京：社会科学文献出版社 2016 年版。

② 1965 年，日本的横滨市与菲律宾的马尼拉市结为友好城市。自治体国际化协会「姉妹都市提携一覧表」，http：//www. clair. or. jp/j/exchange/shimai/kibou. html，2016-01-20。

美国的诸多盟友，能否处理好与这些国家的关系决定了日本能否为美国的联盟体系提供有力支撑。其次，对中国而言，地理位置、自然资源和相互联系等多方面因素，共同决定了东南亚在中国外交工作中的重要地位。在东南亚，中国与日本既有合作，也存在明显的竞争关系。在这样的大背景下，考察城市和地方政府在日本东南亚外交中扮演的角色，理解城市外交对日本整体外交形成的支撑作用，将为我国的东南亚外交提供重要参考。

本文分为四部分：第一部分结合数据分析日本城市外交的发展趋势，并提出日本的城市外交经历了"从交流到合作"的转型；第二部分阐述导致日本城市外交转型和快速发展的主要因素；第三部分分析日本如何通过城市外交实现国家与自治体的政治经济利益；第四部分探讨日本经验给中国带来的启示。

一、日市城市外交的发展趋势

（一）日本友城合作的数据分析

日本的城市外交工作起步较早。早在 1955 年 12 月，长崎市就与美国明尼苏达州的森特·波尔市结成了第一对姐妹城市。截至 2014 年，日本缔结的友城总数达到 1661 对，其中与亚洲城市缔结的友城关系共计 588 对，占总数的 35.4%。图 1 描绘了日本友城数量的变化趋势。不难看出，从 1955 年至 20 世纪 80 年代中期，日本缔结的友好城市数量在小幅波动中逐渐增长。20 世纪 80 年代后期，日本城市外交进入快速发展阶段，友城增长速度明显加快，仅在 1994 年一年，日本就缔结了 72 对友城关系。然而，1995 年后，日本友城数量的增长速度开始放缓。2014 年，日本仅缔结了 1 对友城关系。

在东南亚地区，日本缔结的友城关系并不多，仅有 38 对（见表 1）。从发展的时间线来看，日本在这一地区的友城合作始于 20 世纪 60 年代中期。1965 年，日本的横滨市与菲律宾的马尼拉市结为友好城市，这是日本自治体与东南亚城市缔结的第一对友城关系。1965—1976 年，日本自治体在这一地区的友城合作缓慢发展，12 年内仅缔结了 7 对友城关系，合作对象也十分单一，7 个友城均来自于菲律宾。① 1977 年 8 月，日本首相福田赳夫出访东盟五国和缅甸，并提出了著名的"福田主义"，这是日本战后第一次公开表明其对东盟的基本外交政策。② 以此为标志，日本加大了在东南亚地区的外交与经济投入。日本自治体的友城合作也在一定程度上反映了国家整体外交的走向，1978—1989 年，友城合作进入了一个相对较快的发展阶段，缔结友城关系 14 对，合作对象也进一步多元化，除与菲律宾缔结的 7 对友城关系以外，还与印尼缔结了 4 对、泰国 2 对、马来西亚 1 对。③ 此后，日本在东南亚地区的友城合作再次放缓，1990—1999 年，仅缔结友城关系 8 对；2000—2014 年，共缔结友城 9 对。④

---

① 自治体国际化协会「姉妹都市提携一覧表」。
② 乔林生：《福田主义与日本的东盟外交》，《日本研究》2007 年第 2 期，第 60 页。
③ 自治体国际化协会「姉妹都市提携一覧表」。
④ 同上。

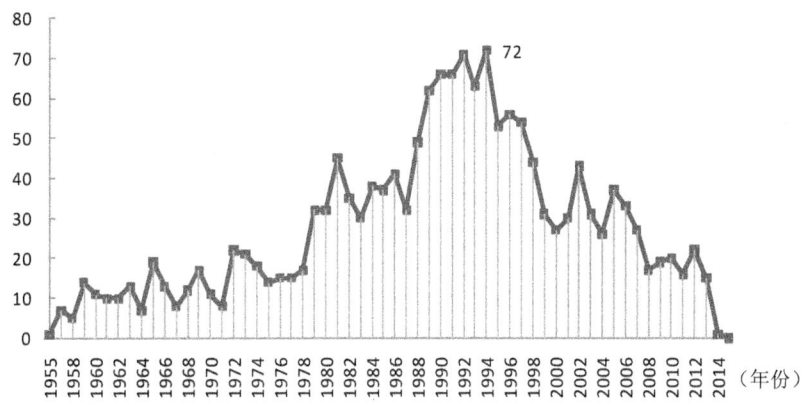

图1 日本友好城市数量变化趋势（1955—2014年） （单位：对）

资料来源：自治体国際化協会「姉妹都市提携一覧表」。

表1 日本在东南亚地区缔结友好城市数量 （单位：对）

国 别	缔结友城数量
文莱	0
柬埔寨	1
印度尼西亚	7
老挝	0
马来西亚	2
缅甸	0
菲律宾	18
泰国	7
新加坡	0
越南	3
总计	38

资料来源：自治体国際化協会「姉妹都市提携一覧表」。

(二）日本城市外交的转型

值得注意的是，缔结友城的速度放缓并不意味着日本城市外交出现了停滞不前的状态，而是日本城市外交工作的重点发生了变化。就城市外交发展的不同阶段而言，缔结友城关系是相对初级的交往形式，注重善意的传达，象征意味较强。[①] 从 20 世纪 80 年代末开始，日本愈加强调城市外交带来的实际的政治、经济利益，日本城市外交进入了深入发展阶段。20 世纪 90 年代初，日本自治省正式提出了"从交流到合作"的口号，随后又宣布 1995 年为这一转型的"初始年"，这既是对已经开始了的转型的肯定，也为自治体进一步参与外交事务提供了有力支持。[②] 在这样的政策指导下，日本城市外交工作出现了一系列新想法、新制度，城市外交的形式愈加多样化，友城数量这一单一指标越来越不能反映日本城市外交发展的真实水平。

我们可以将日本在东南亚地区开展的城市外交活动分为两类：国际交流（International Exchange）与国际合作（International Cooperation）。"国际交流"主要指地方政府以建立跨国经济、文化、社会联系为主要目标的国际活动，象征意味较强，注重善意的传达、人际关系的建立。除建立姐妹城市关系以外，日本地方政府目前在东南亚地区开展的"国际交流"活动还包括"日本交流与教学

---

① Purnendra Jain, *Japan's Subnational Governments in International Affairs* （Routlege, 2005）, p. 90.

② Purnendra Jain, *Japan's Subnational Governments in International Affairs* （Routlege, 2005）, pp. 87，96.

项目",以及"地方政府交流与合作研讨会"等。与"国际交流"项目相比,"国际合作"项目则更加强调合作带来的政治与经济利益:一方面,"国际合作"项目将自治体更加紧密地纳入中央政府的外交框架之下,使自治体的国际活动可以有效增加日本的整体战略优势;① 另一方面,"国际合作"项目也成为自治体在国际舞台上代表自身经济利益的重要手段。在"从交流到合作"这一主张的倡导下,自治体在协助中央政府执行官方开发援助(Official Development Assistance,下文简称 ODA)方面发挥了越来越大的作用,为发展中国家的地方政府提供了大量的技术援助,而技术援助又进一步促进了地方商业利益的实现。目前,日本在东南亚地区开展的"国际合作"项目主要包括"专家派遣工程"和"地方政府官员培训项目"等。下文将对日本自治体在东南亚地区的主要"国际交流"与"国际合作"项目进行简单介绍:

(1)"日本交流与教学项目"(The Japan Exchange and Teaching Program,下文简称 JET)由日本中央政府于 1987 年发起成立,旨在促进日本地方团体引进海外人才,改进日本的英语教育,增进日本人民与其他国家人民之间的相互了解。经过近 30 年的发展,JET 已经成为日本最大的对外交流项目,仅 2002 年一年,JET 就从 40 个国家引进了 6273 名海外人才,近年来,该项目的引进人数虽有所减少,但始终维持在 4000 人以上。② 在中央政府层面,日本外务省、总务省、文部科学省都为项目的开展提供了政策支持,所有引进人

---

① Purnendra Jain, *Japan's Subnational Governments in International Affairs* (Routlege, 2005), pp. 87, 96.

② The Japan Exchange and Teaching Programme, "History," http://jetprogramme.org/en/history/, 2016-02-16.

才均由日本使领馆进行选拔面试。而在项目的具体执行阶段，自治体则发挥了主体作用，引进的海外人才不仅可以加入日本的小学和初高中承担英语教学工作，还可以进入日本各级地方政府，成为自治体"国际事务协调员"，为自治体开展国际交流活动提供支持。① 据统计显示，已经有超过 1000 个日本地方公共机构成为 JET 人才的接收单位，其中包括全部一级行政单位（都、道、府、县）及 20 个指定城市。② 在 JET 项目上与日本建立合作关系的东南亚国家包括印度尼西亚、菲律宾、新加坡、泰国、马来西亚和越南。③

（2）"地方政府交流与合作研讨会"（Local Government Exchange and Cooperation Seminar）由日本自治体国际化协会（The Council of Local Authorities for International Relations，下文简称 CLAIR）主持，④ 并由某一自治体承办，项目旨在促进不同国家地方政府间的相互了解，推动地方政府官员间的人际交往。⑤ 受邀的外国地方官员首先赴东京参加讲座，全面了解自治体系统，随后前往日本其他城市，在当地政府工作人员的陪同下考察地方政府的运作。这一项目不但为参与者提供了深入了解日本地方政治运作与日本传统文化的机会，也促进了 CLAIR、自治体和外国地方政府间三方联系网络的形

---

① CLAIR Singapore Office, "International Exchange," http：//www. clair. org. sg/exchange/index. html#jet，2016-02-16.

② The Japan Exchange and Teaching Programme, "History".

③ The Japan Exchange and Teaching Programme, "Participating Countries," http：//jetprogramme. org/en/countries/，2016-02-16.

④ 日本自治体国际化协会是日本城市外交的牵头机构，下文将对该机构的成立与运作做出更详细的论述。

⑤ CLAIR Singapore Office, "Local Government Exchange and Cooperation Seminar," http：//www. clair. org. sg/exchange/index. html#seminar，2016-03-05.

成。在 CLAIR 新加坡办公室的邀请下，东南亚地方官员曾在
2011—2014 年分别访问了日本的爱知县、大阪县的堺市、鸟取县、
鹿儿岛县，研讨会议题或体现了自治体的治理长项，或反映了其发
展需求，其中包括：爱知县的交通运输政策、旅游政策及历史遗产
和传统工业的保护（堺市）、与东南亚的经济交往（鸟取县）、鹿儿
岛县的海外工业发展推进。

（3）"专家派遣工程"（Specialist Dispatch Project）由 CLAIR 发
起，旨在促进日本与东南亚国家之间的知识、技术流通，帮助海外
地方政府提高服务质量。针对这一项目，CLAIR 建立了相应的专
家数据库，专家均为富有经验的日本地方官员（包括退休人员），
其专业领域多达 32 个，包括农业、林业、环境保护、土木工程、
城市规划、医疗卫生、灾害预防和教育等。就具体运作而言，海
外地方政府需向 CLAIR 提出申请，此后该协会将结合申请者的需
求，选择、派遣相应的专家，交流援助工作一般为期 10—30 天，而
派遣专家的费用由 CLAIR 和海外地方政府共同负担。表 2 对
2010—2014 年日本在东南亚地区开展的专家派遣项目进行了归纳
统计。

---

① CLAIR, "Local Government Exchange and Cooperation Seminar," http：//www. clair.
or. jp/e/exchange/shohei/seminer1. html, 2016-03-05.

② Ibid.

③ CLAIR Singapore Office, "Specialist Dispatch Project," http：//www. clair. org. sg/cooperation/
index. html, 2016-03-05.

④ Ibid.

表 2 "专家派遣项目"目的地及合作领域统计（2010—2014 年）

年份	目的地	合作领域
2010	彭世洛府（泰国）	非物质文化遗产保护
	曼谷（泰国）	火灾与灾害预防
	文莱	农业与商业
2011	彭世洛府（泰国）	公共卫生管理
	博他伦（泰国）	教育
	文莱	农业与商业
2012	泗水（印度尼西亚）	环境保护
	彭世洛府（泰国）	旅游推广
	普吉府（印度尼西亚）	公共卫生管理
	曼谷（泰国）	火灾与灾害预防
2013	泗水（印度尼西亚）	污水管理
	吉隆坡（马来西亚）	健康与卫生
	文莱	火灾与灾害预防
	河内（越南）	火灾与灾害预防
2014	泗水（印度尼西亚）	灾害预防
	吉隆坡（马来西亚）	垃圾处理
	素可泰（泰国）	旅游
	河内（越南）	火灾与灾害预防

资料来源：CLAIR Singapore Office，"Specialist Dispatch Project"。

（4）"地方政府官员培训项目"（Local Government Officials Training Program）始于 1996 年，每年邀请世界各国的地方政府官员赴日学习，由 CLAIR 和日本总务省共同为这一项目提供行政和资金支持。该项目"精英化"的倾向较强，项目的申请者必须是现职，并且在未来有可能成为地方领导人的工作人员。[1] 项目参与者将接受初级和专业两个阶段的培训，初级培训包括东京情况介绍和日语语言培训，专业培训则专注于地方政府层面的专业知识，包括行政管理、环境保护、经济、教育和农业等。[2] 项目费用由日本地方政府和中央政府共同负担，整个培训为期 6—12 个月。[3] 此项目自开展以来，共有 217 位参与者来自东盟国家，其中包括柬埔寨（7 名）、老挝（9 名）、缅甸（21 名）、马来西亚（22 名）、越南（31 名）、印度尼西亚（41 名）、菲律宾（40 名）和泰国（46 名）。[4]

综上所述，20 世纪 80 年代末以来，日本城市外交出现了由"交流"到"合作"的转型，城市外交不再以象征意味较强的友好城市缔结为重点，而是更加注重自治体和日本国家利益的实现，城市外交的形式更加多样化。下文将对引发这一转型的背景因素进行分析，并进一步剖析城市外交的"国际合作"项目是如何促进日本自治体和国家利益的实现的。

二、日本城市外交转型与发展的原因

笔者认为，日本中央政府（尤其是外务省）观念的变化以及随

---

[1]　CLAIR Singapore Office, "Local Government Officials Training Program," http: //www. clair. org. sg/cooperation/index. html, 2016-03-05.

[2]　CLAIR Singapore Office, "Local Government Officials Training Program," http: //www. clair. org. sg/cooperation/index. html, 2016-03-05.

[3]　CLAIR, "The Local Government Officials Training Program," http: //www. clair. or. jp/e/ cooperation/lgotp/lgotp. html, 2016-03-05.

[4]　CLAIR Singapore Office, "Local Government Officials Training Program".

之而来的制度构建和资源注入，是导致日本城市外交转型与发展的主要原因，下文将对这三个因素逐一进行论述。

（一）观念的变化

对于自治体参与外交事务，中央政府各部门所抱持的态度存在一些不同之处。支持自治体建立国际联系并参与外交活动的中央省厅主要有日本自治省；[①] 相反，外务省对于自治体参与外交事务曾持怀疑、抵制的态度，认为自治体的加入将破坏外务省对于外交事务的垄断权，且将强化自治省在部门竞争中的优势地位。[②] 然而，从 20 世纪 80 年代末开始，外务省开始意识到自治体在外交事务中可以发挥不可替代的作用，并通过一系列制度构建，积极规范、引导自治体的外交行为。[③] 以下几方面因素共同促成了这样的观念变化：

从宏观层面来看，随着冷战的缓和与结束，国家面临的外部安全威胁得到了极大缓解。同时，全球化进程的推进加深了不同国家之间的相互依赖。随之而来的两个变化是，外交议程的极大延展，以及国内政策与外交政策界限的模糊。[④] 面对日益复杂的政策环境，中央政府在处理国际事务时面临的压力急剧增加。包括气候变化、环境污染、贫困消减在内的诸多全球治理议题，不仅需要非政府行

---

① 在 2001 年开展的日本中央省厅再编中，自治省与总务厅和邮政省两个部门合并为现在的日本总务省。

② Jain, *Japan's Subnational Governments in International Affairs*, pp. 39, 42.

③ Ibid. , pp. 43-44.

④ Brian Hocking, *Localizing Foreign Policy: Non-Central Governments and Multilayered Diplomacy* (St. Martin's Press, 1993), p. 15.

为体的参与，也亟须地方政府的支持以及地方治理经验的引进。在这样的背景下，中央政府垄断外交事务的信心有所下降。与此同时，中央政府在一些问题上的缺位，也引起了地方政府的不满，后者参与国际事务、通过国际合作为自身发展问题寻求解决之道的愿望随之加强。① 此外，科技进步带来的交通运输、通信成本的下降，增强了地方政府独立参与国际事务的能力，减少了它们对中央政府或大型企业资源的依赖。② 在这样的背景下，各国中央政府开始了向地方放权的过程。

以上宏观层面的变化在日本均有所体现，且因该国政治经济发展中的一些特性而表现得尤为突出。20 世纪 90 年代初，日本经济泡沫破灭，日本社会对中央政府治理能力的迷信也消失殆尽，关于"中央向地方放权"的呼声越来越强烈。③ 1995 年，日本颁布了《地方分权推进法》，进一步加大了地方政府的自主权。同时，随着经济形势的恶化，中央政府以往不合理的财政政策所造成的负面影响愈加凸显。首先，中央政府的资源分配向某些地区倾斜，导致地区以及城乡发展不均衡，相对落后地区的居民感到被政府忽视，而这些地区的地方政府也急于通过国际合作弥补资源不足的劣势。很多农村地区的政府官员开始走出国门，希望通过引进国际经验，实

①　Ibid. Also see James Rosenau, *Turbulence in World Politics: A Theory of Change and Continuity*, Princeton University Press, 1990, p. 3.

②　David Arase, "Shifing Patterns in Japan's Economic Cooperation in East Asia: A Growing Role for Local Actors?" *Asian Perspective*, Vol. 21, No. 1, 1997, p. 41.

③　David Arase, "Shifing Patterns in Japan's Economic Cooperation in East Asia: A Growing Role for Local Actors?" *Asian Perspective*, Vol. 21, No. 1, 1997, p. 42.

现日本农村的复兴。① 其次，中央政府和地方政府之间也存在资源分配不合理的问题。自治体承揽了所有公共服务的三分之二，而其获得的公共收入仅占全部公共收入的三分之一。② 人口老龄化的加剧以及就业形势的日益严峻，导致自治体的财政状况进一步恶化。据统计显示，日本自治体债务总量占国民生产总值的比重由 1990 年的 15% 攀升至 1995 年的 27%，2000 年的 37%，以及 2004 年的 40%。③ 自治体面临的财政困境和中央政府的无能为力，增强了自治体参与外交事务的合法性，同时也迫使自治体更加注重国际合作带来的实际经济利益。

与此同时，由日本外务省主导的外交工作也遭遇了困境。作为战败国，日本军事力量的发展受《波茨坦公告》《开罗宣言》等条约以及日本宪法的约束，这也在很大程度上限制了日本与东南亚国家开展安全合作及追求区域大国地位的能力。④ 在这样的背景下，经济外交成为日本改善与东南亚国家关系的主要手段。⑤ 1977 年，日本政府宣布已履行完与东南亚各国的战争赔偿协议。⑥ 此后，ODA 取代战争赔款，成为日本经济外交最重要的政策工具。无论是

---

① John Knight, "Rural Kokusaika? Foreign Motifs and Village Revival in Japan," *Japan Forum*, Vol. 5, No. 2, 1993, pp. 207, 209.

② Alain Schebath, "Financial Stress in the Japanese Local Public Sector in the 1990s: Situation, Structural Reasons, Solutions," in Carola Hein and Philippe Pelletier, eds., *Cities, Autonomy, and Decentralization in Japan* (Routledge, 2006), p. 84.

③ Ibid.

④ 葛建廷：《日本对东南亚的经济外交：历史与现实》，《欧洲研究》2014 年第 4 期，第 100 页。

⑤ Bhubhindar Singh, "ASEAN's Perceptions of Japan: Change and Continuity," *Asian Survey*, Vol. 42, No. 2, 2002, p. 280.

⑥ 周杰：《战后初期日本对东南亚"赔偿外交"的策略变化分析》，《浙江师范大学学报（社会科学版）》2007 年第 5 期，第 73 页。

70 年代后期日本推行的旨在改善越南与东盟国家关系的"桥梁外交",① 还是 80 年代日本与东盟在处理柬埔寨危机时的密切合作,② ODA 都是日本撬动与东南亚国家关系的主要杠杆。

然而,进入 80 年代后期,在日本经济外交中占有支柱地位的 ODA 政策却面临国内与国际的双重压力,改革迫在眉睫。就国内压力而言,经济泡沫的破灭增加了日本中央政府的财政压力。1997 年通过的《财政结构改革法案》明确要求缩减 ODA 支出,这也迫使外务省必须思考,如何在资源有限的条件下进一步改善 ODA 的使用效率。③ 在国际层面,从 20 世纪 80 年代后期开始,日本 ODA 政策遭到了国际社会(尤其是西方发达国家)越来越多的批评。这主要是因为,日本以往的 ODA 政策侧重于拓宽日本产品的国际市场。④ 然而,随着日本经济实力的不断增强,其将对外援助与本国产品进行捆绑的做法显然与日本经济大国的地位不相符合。在国际社会的压力下,日本政府不得不将援助项目与购买日本产品脱钩。有数据显示,1987 年,日本企业赢得了 55% 的与援助项目相关的合同,而到了 1999 年,这一比例下降至 19%。⑤ 换言之,在促进商业利益的

---

① 关于"桥梁外交"及日本对越援助,参见 SueoSudo, "The Road to Becoming a Regional Leader: Japanese Attempts in Southeast Asia, 1975-1980," *Pacific Affairs*, Vol. 61, No. 1, 1988, pp. 27-50。

② 关于日本为解决柬埔寨危机而做出的援助承诺,参见 SueoSudo, "Japan-Asean Relations: New Dimensions in Japanese Foreign Policy," *Asian Survey*, Vol. 28, No. 5, 1988, p. 519。

③ Ministry of Foreign Affairs of Japan, "Council on ODA Reforms for the 21st Century Final Report," http: //www. mofa. go. jp/policy/oda/reform/report21. html, 2016-07-28。

④ Edward M. Feasel, *Japan's Aid: Lessons for Economic Growth, Development and Political Economy* (Routledge, 2015), pp. 30-46.

⑤ David Arase, "Introduction," in David Arase, ed., *Japan's Foreign Aid: Old Continuities and New Directions* (Routledge, 2005), p. 4.

实现方面，传统的由中央政府所掌控的外交政策工具正在失去功效。其次，日本以往的 ODA 项目侧重受援国基础设施的建设，技术援助相对有限，对受援国的其他发展问题（如环境问题、贫困问题等）关注较少，长期忽略当地居民的实际需求，这一做法也引起了西方国家的不满。①

正是在这样的背景下，外务省开始重新审视自治体在外交事务中可能发挥的积极作用。首先，自治体可以代替中央政府，在国际舞台上代表地方商业团体的利益，缓解中央政府面临的国际压力。更重要的是，在对 ODA 政策进行改革的过程中，日本中央政府逐渐减少了对基础设施建设的援助，转而加强对发展中国家的技术援助。然而，由于缺乏国内社会治理经验，外务省在促进技术援助时面临种种限制；相反，自治体则在应对各类发展问题方面积累了宝贵的经验技术，这也促使中央政府进一步承认地方政府在对外事务中的地位和作用。② 从 80 年代末开始，日本的 ODA 外交出现了中央向地方放权的趋势。据专业人士估计，如今每年由日本都、道、府、县独立执行的 ODA 项目多达 500 个。③ 日本中央政府观念的转变，促成了日本城市外交的转型与发展。

（二）制度构建

随着国际国内形势的变化，以外务省为代表的日本中央政府机

① Feasel, *Japan's Aid: Lessons for Economic Growth, Development and Political Economy*, p. 2.

② Jain, *Japan's Subnational Governments in International Affairs*, pp. 106-107.

③ Ibid. , pp. 98-99.

构逐渐改变了过去的怀疑态度，以更加开放的心态看待自治体在国际事务中的积极作用。事实上，对于中央政府的外交活动与城市外交之间的关系，学界一直存在争论。一些西方学者认为，城市外交的出现打破了中央政府对外交的垄断，普拉伊吉姆与梅利森就采用了"竞争性合作"来形容二者之间的关系。[①] 与此形成鲜明对比的是，中国学者多强调城市外交的从属性，如龚铁鹰认为，城市外交的作用首先在于配合国家的总体外交。[②]

在实践中，日本中央政府也意识到，如果不加以管理，城市外交非但不能为国家整体外交服务，反而可能会妨碍国家利益的实现。为了提高中央政府与地方政府外交活动的协调性，日本中央政府采取了一系列措施，通过制度建设协助和引导自治体开展国际合作。1986 年，日本外务省设立了国际化咨询中心，专门为负责国际交流的地方政府官员提供帮助。[③] 自 1991 年起，外务省开始为自治体派遣至海外执行技术援助的专家提供资金支持。[④] 其他中央政府机构，如负责 ODA 技术援助的日本国际协力机构（Japan International Cooperation Agency）、负责提振日本产品出口的日本贸易振兴机构（Japan External Trade Organization），以及负责为 ODA 基础设施项目提

---

① Pluijm and Melissen, *City Diplomacy: The Expanding Role of Cities in International Politics*, p. 13.

② 龚铁鹰：《国际关系视野中的城市——地位、功能及政治走向》，《世界经济与政治》2004 年第 8 期，第 42 页。赵可金和陈维也为城市外交做出如下定义："城市外交是在中央政府的授权和指导下，某一具有合法身份和代表能力的城市当局及其附属机构，为执行一国对外政策和谋求城市安全、繁荣和价值等利益，与其他国家的官方和非官方机构围绕非主权事务所开展的制度化的沟通活动。"参见赵可金、陈维《城市外交：探寻全球都市的外交角色》，第 69 页。

③ Catherine Lu, Toshihiro Menju, and Melissa Williams, "Japan and 'the Other': Reconceiving Japanese Citizenship in the Era of Globalization," *Asian Perspective*, Vol. 29, No. 1, 2005, p. 119.

④ Jain, *Japan's Subnational Governments in International Affairs*, p. 44.

供贷款的日本国际协力银行（Japan Bank for International Cooperation），也纷纷通过各种培训及伙伴计划开展与自治体的合作。① 另外，负责地方政府工作的日本自治省也颁布了一系列文件，规范自治体的对外交往，其中包括 1987 年的《关于地方公共团体开展有关国际交流的指导》、1988 年的《对于开展国际交流的城市的指导》，和 1989 年的《关于地域国际交流促进大纲有关政策的指导》等。② 这些措施在一定程度上减少了外务省与自治体外交活动可能产生的竞争与冲突，两者并行不悖、相辅相成的态势更加明显。

更重要的是，自治体的城市外交工作有了统一的牵头机构，制度化水平得到明显提高。1988 年，在自治体及私人机构的资助下，专门协助自治体从事海外活动的 CLAIR 成立。如今，CLAIR 不仅在日本全国 47 个都、道、府、县以及 20 个城市设有办公室，③ 还先后在纽约（1988）、伦敦（1988）、巴黎（1990）、新加坡（1990）、首尔（1993）、悉尼（1994）和北京（1997）开设了海外办公室。与此同时，CLAIR 还与日本国内的各自治体联合组织，如日本市长协会（Japan Association of City Mayors），实现了对接，成为这些协会的海外代表机构。④ 目前，除了 JET 等交流、合作项目的海外执行之外，CLAIR 承担的职责还包括：帮助自治体招募姐妹城市，协助自治体承办国际会议，在海外为自治体推广旅游及本地产品等。

---

① Jain, *Japan's Subnational Governments in International Affairs*, pp. 46-49.

② 李海涛：《日本：自治体的国际化与对外交往》，载于李小林主编《城市外交：理论与实践》，第 184 页。

③ CLAIR, "List of Domestic Branches," http：//www.clair.or.jp/e/clair/sibulist.html, 2016-03-07.

④ City Mayors, "Japanese Mayors," http：//www.citymayors.com/mayors/japanese-mayors.html, 2016-03-07.

可以说，CLAIR 已经成为连接日本自治体与国际社会最重要的桥梁，其规模之大、职责范围之广在整个世界范围内也是首屈一指的。①

日本城市外交的实践者在制度构建方面做出的努力不仅体现在国内层面，还体现在国际层面上。纵观世界范围内城市外交的发展史，不难发现这样一个特征，即城市外交经历了从双边到网络化的转型。在各国城市"一对一"联系不断加强的同时，城市外交的多边平台——跨国城市网络（Transnational City Network）也如雨后春笋般发展起来。跨国城市网络是在自愿的基础上，由不同国家的城市结成的组织，具有促进城市间信息交换、政策协调和集体行动等主要功能。第二次世界大战结束后，一批旨在促进世界和平与国家间相互谅解的跨国城市网络得以建立。② 进入 90 年代以后，国际社会逐渐形成这样一个共识，即全球问题（如环境污染等）实际上源于地方活动。1992 年 6 月在巴西里约热内卢召开的联合国环境与发展大会上，与会各国领导人通过了旨在促进全球可持续发展的重要文件——《21 世纪议程》。《21 世纪议程》明确强调城市和地方政府在实现可持续发展中的作用，议程的多项条款（如 6.34. d 和 7.20. d）均建议各国城市积极参与国际合作，建立并参加跨国城市网络，通过网络组织交流经验，获得国内及国际层面的技术与资金支持。③ 此后，全球范围内涌现出一批跨国城市网络，仅就可持续

---

① Jain, *Japan's Subnational Governments in International Affairs*, p. 49.

② 关于跨国城市网络的发展，参见 Marco Keiner and Arley Kim, "Transnational City Networks for Sustainability," *European Planning Studies*, Vol. 15, No. 10, 2007, p. 1372.

③ UN, "Agenda 21," file：///D：/%E4%B8%93%E9%A2%98/city%20diplomacy/city%20to%20city%20networks/Agenda21. pdf, 2015-12-20.

发展一个议题而言，相关组织的数量就从 1982 年的 8 个增加到 2004 年的 49 个。[1]

面对这一国际潮流，日本自治体也积极响应，先后设立了 3 个跨国城市网络。1987 年，在联合国亚太经济与社会委员会（UNESCAP）、联合国开发计划署（UNDP）、联合国人居署（UN-HABITAT）的支持下，日本名古屋市议会通过决议，成立"城市网络"（CityNet）。1992 年，CityNet 又在横滨市设立了秘书处，至今该组织已吸纳了 42 个东南亚城市为其成员。[2] 2000 年，北九州清洁环境倡议（Kitakyushu Initiative for a Clean Environment）在北九州市成立，该组织接受 UNESCAP 的指导及日本政府的资金资助，曾有 19 个东南亚城市成为该组织成员。[3] 2002 年，东京都又提议成立了"21 世纪亚洲主要都市网"（Asian Network of Major Cities 21，下文简称 ANMC21），并将该组织总部设在东京，在东盟 10 国中，有 7 个国家的首都已经成为 ANMC21 的成员。[4] 可以说，日本已成为亚洲地区多边城市外交的重要领导者。作为城市外交的多边机构，跨国城市网络的建立极大地强化了日本城市外交工作的效率。

---

① 关于跨国城市网络的发展，参见 Marco Keiner and Arley Kim, "Transnational City Networks for Sustainability," p. 1372。

② 笔者根据该组织网站信息统计，2013 年该组织总部迁往韩国首尔，参见 CityNet，http：//citynet-ap. org，2015-06-17。

③ 该组织于 2012 年关闭。Stefan Niederhafner, "Comparing Functions of Transnatioinal City Networks in Europe and Asia," *Asia Europe Journal*, No. 11, 2013, p. 390.

④ 笔者根据该组织网站信息统计，参见 ANMC21, http：//www. anmc21. org/english/member/index. html，2015-06-17。

(三) 资源注入

日本城市外交的发展有赖于中央政府在 ODA 上的长期投入。从 20 世纪 70 年代开始，随着日本经济发展水平的提升，日本向发展中国家提供的 ODA 也不断增加。根据不同的 ODA 计算方法，在 20 世纪 80 年代末和 90 年代初，日本曾一度超过美国等西方发达国家成为全球最大的 ODA 提供国。[①] 尽管这一时期，日本自治体并未在 ODA 项目的执行中发挥直接作用，但日本中央政府的援助在改善日本国际形象方面起到了关键作用。一个突出的对比就是：1974 年 1 月，日本首相田中角荣出访东盟五国，雅加达、曼谷以及马来西亚多地爆发大规模反日示威游行。[②] 以此为转折点，日本开始加大对东南亚地区的经济援助，更加积极地参与东南亚政治事务，并逐渐改变了"东南亚经济的掠夺者"的形象。[③] 根据 1995—1998 年在东南亚地区开展的一项民意调查，在反日情绪曾经十分普遍的菲律宾和印度尼西亚，分别有 55% 和 85% 的受访者表示，"日本是值得信任的合作伙伴"。[④] 从这个意义上讲，日本的 ODA 外交为自治体的国际合作营造了良好的大环境。90 年代初经济泡沫破灭后，日本迫于财政压力调整了其 ODA 政策，ODA 总量于 90 年代后期停止增

---

① David Arase, "Introduction," p. 1.

② Ministry of Foreign Affairs of Japan, *Diplomatic Bluebook 1974*, http: //www. mofa. go. jp/policy/other/bluebook/1974/1974-03-01. htm, 2016-07-04.

③ Singh, "ASEAN's Perceptions of Japan: Change and Continuity," p. 283.

④ SueoSudo, *The International Relations of Japan and South East Asia: Forging a New Regionalism*, (Routledge, 2002), p. 54.

长，在一些年份甚至出现下滑（见图 2）。尽管如此，在 ODA 总量未提高的前提下，日本的援助政策明显向东南亚国家倾斜，并始终保持在较高水平（见表 3）。2013 年，日本一共向东盟国家提供了 34.75 亿美元的赠款、价值 4.42 亿美元的无偿技术援助，以及 52.93 亿美元的优惠贷款。①

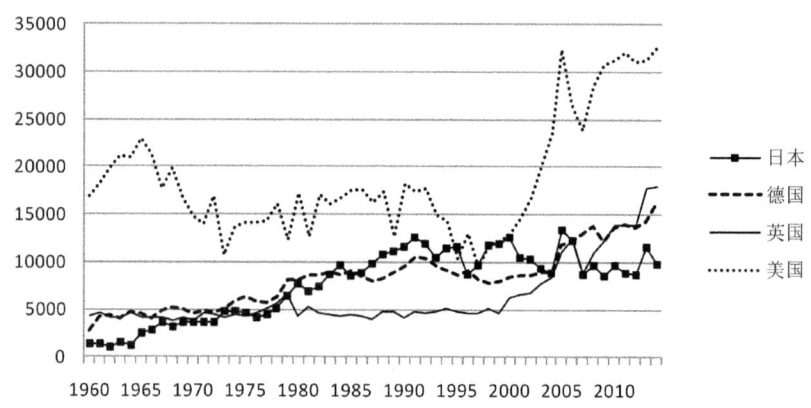

图 2　日本、德国、英国、美国净 ODA 总量对比（1960—2014）

（单位：百万美元）

资料来源：Organization for Economic Cooperation and Development, "Official Development Assistance（ODA）Dataset," https：//data. oecd. org/oda/net-oda. htm, 2016-01-31。

表 3　日本对东南亚六国 ODA 对比　　（单位：百万美元）

国别／年份	1960	1970	1985	2010
菲律宾	4.8	4.3	151.9	870
泰国	0.1	3.8	186.8	286
印度尼西亚	2.5	29	176.7	2018

---

① Ministry of Foreign Affairs of Japan, "Assistance for Each Region：East Asia," http：// www. mofa. go. jp/files/000119324. pdf, 2016-07-28.

国别／年份	1960	1970	1985	2010
缅甸	3.7	2.7	105.5	2163
越南	0.2	0.3	0.4	1415
马来西亚	0.0	0.5	96.8	182

注：以 2000 年美元价格计算。

资料来源：Feasel, *Japan's Aid: Lessons for Economic Growth, Development and Political Economy*, p. 50。

除了改善民意环境之外，ODA 在促进城市外交方面还发挥了更为直接的作用。从受援国的角度看，日本政府向发展中国家提供的经济援助采取"申请制"，即由受援国政府提出援助申请，日本政府再予以审批。在实践中，援助申请很少出自受援国的中央政府，而是来自城市和地方政府。这主要是因为，相对于前者，后者真正了解援助项目的必要性及可行性。[1] 受援国的地方政府经常与在本地经商的日本公司进行合作，对日本中央政府进行游说。随着 ODA 向地方放权进程的推进，与日本地方政府建立友好联系，也成为影响日本 ODA 决策的重要途径。[2] 可以说，日本中央政府的 ODA 政策，为本国及受援国的地方政府提供了经济激励，从国内与国外两个方向促进了城市外交的发展。一个典型的例子就是，泰国黎逸府与日本岛根县的横田町共同发起了在泰国乡村学校推广使用日本算盘的教育项目，该项目最终获得了日本中央政府的 ODA 资助。这不

---

[1] Feasel, *Japan's Aid: Lessons for Economic Growth, Development and Political Economy*, p. 56.

[2] Jain, *Japan's Subnational Governments in International Affairs*, pp. 46–49, 91.

仅使泰国地方政府受益，同时也挽救了横田町濒临破产的算盘产业。[①]

三、地方与国家利益的实现

如前文所述，日本的城市外交已经不再局限于象征意味较强的友城关系，合作形式更加多样化，也更加注重实效。普拉伊吉姆与梅利森将城市外交定义为"城市在国际政治舞台上以代表城市或其他利益为目的，与其他行为体发展关系的制度和过程"。[②] 在"代表城市利益"方面，日本自治体逐渐摸索出一套既凸显自身优势，又能促进互利共赢的做法，城市外交已经成为自治体实现自身经济利益的重要政策工具，同时也对国家整体外交利益的实现形成了有力的策应，这一点在东南亚地区表现得尤为明显。

（一）以技术援助带动产品输出

通过 ODA 技术援助带动日本产品的出口，是日本政府的惯常做法。对于受援国而言，在接受日本的技术培训之后，选择熟悉的日本产品的概率也会随之增加。[③] 根据爱德华·费泽尔的测算，日本

---

① Jain, *Japan's Subnational Governments in International Affairs*, p. 94.

② Pluijm and Melissen, *City Diplomacy: The Expanding Role of Cities in International Politics*, p. 11.

③ Jain, *Japan's Subnational Governments in International Affairs*, p. 95.

ODA 增加 10%，将带动 3.3%的出口增长。① 在这方面，自治体延续了中央政府的做法：在推广城市治理经验的同时，积极为本地企业创造商机。2015 年，东京都主办"亚洲灾害管理大会"期间，就不失时机地邀请参会的各国地方官员参观了在东京举办的安全设备贸易博览会。②

　　就在东南亚地区开展的国际活动而言，横滨市的表现尤为突出。2011 年 1 月，横滨市发起了一项名为"横滨资源与技术合作伙伴"的项目（Yokohama Partnership of Resources and Technologies，简称 Y-PORT），该项目明确提出要通过公共与私人领域的合作，使横滨的技术更好地为发展中国家的城市发展做出贡献。③ 根据该计划，横滨将通过签署一系列伙伴计划，成为衔接日本中央政府各部门、日本地方企业、学术机构以及外国地方政府的桥梁。2011 年 10 月，横滨市与日本国际协力机构签署了伙伴协议。到目前为止，已有多家日本企业成为横滨在该项目上的全面合作伙伴。在建立国际联系方面，目前与横滨签署伙伴协议的外国地方政府均来自东南亚，分别是泰国的曼谷、越南的岘港、菲律宾的宿务以及印尼的巴淡岛，合作议题包括城市发展、水资源循环、气候变化等。④ 从 2012 年起，作为 Y-PORT 项目的一部分，横滨市每年举办一次"亚洲智慧

① Feasel, *Japan's Aid: Lessons for Economic Growth, Development and Political Economy*, p. 38.

② ANMC21, "Joint Projects: Crisis Management," http://www.anmc21.org/english/projects/CR-network/index.html, 2016-03-07.

③ City of Yokohama, "What Is the Y-PORT Project?" http://www.city.yokohama.lg.jp/kokusai/yport/en/about/, 2016-07-28.

④ City of Yokohama, "Y-PORT Partners," http://www.city.yokohama.lg.jp/kokusai/yport/en/about/, 2016-07-28.

城市大会"，会议邀请东南亚地方政府领导人、国际组织代表、日本企业代表、学术机构代表，以及日本外务省、环境省、国土交通省的官员参加，该活动已成为横滨对外推广其智慧城市技术和相关产品的重要平台。①

不仅如此，日本自治体主导创立的城市网络组织 CityNet 和 ANMC21 也将提振工业、促进基础设施建设等经济目标纳入其日程。值得注意的是，不同于善于全盘布局和操作大型项目的中央政府，地方政府的国际合作更加适应地方经济的需求，尤其是地方企业的需要。2013 年 9 月，ANMC21 就在其会员城市河内举办了"日本物造技术展"，专门为东京的中小型，尤其是那些有兴趣在越南开展业务的企业做推广。②

（二）把握东南亚城市的技术需求，改善对外投资环境

日本中央政府和自治体针对东南亚城市开展的外交工作赢得了后者的积极响应，其中一个主要原因在于日方对于东南亚城市需求的准确把握。举例来说，东南亚是世界上自然灾害最为严重的地区之一，海啸、台风、地震都挑战着东南亚城市的安全，而很多东南亚城市地势较低，尤其容易遭遇洪灾。以菲律宾的马尼拉为例，根据马尼拉大都会发展委员会发布的信息，大马尼拉有 22 个地区易受

---

① City of Yokohama, "The 4th Asian Smart City Conference in Yokohama," http：//www. city. yokohama. lg. jp/kokusai/yport/pdf/ascc2015reporte. pdf, 2016-07-28.

② "Introducing the Technologies for Tokyo Small & Medium-Sized Businesses in Hanoi," *Interaction Asia*, No. 29, http：//www. asianhumannet. org/english/newsletter/201311/2. html, 2016-03-16.

洪水侵犯。① 曼谷也面临类似问题，有研究显示，由于摩天大楼的不断兴建以及对地下水的过度抽取，曼谷正在以每年 1—1.5 厘米的速度下沉。世界银行的报告认为，2050 年曼谷遭遇洪灾的可能性将增加 4 倍。② 寻求应对自然灾害的经验，已经成为东南亚城市参与国际合作的主要动因之一。③

鉴于此，日本自治体及中央政府通过分享自己在灾害应对方面的经验，加强同东南亚城市的合作。早在 1998 年，横滨市就与曼谷合作，推广日本的洪水控制技术。在横滨市污水管理局官员的指导下，曼谷建立了在日本广为应用的"雨水储存池"，并在泰国全国范围内进行推广。④ 东京都也以其主导建立的跨国城市网络 ANMC21 为平台，拓展与东南亚城市的联系，并主持了 ANMC21 框架下的灾害管理项目，鼓励城市之间的经验交流和信息流通。该项目于 2003—2015 年共组织了 13 届"亚洲灾害管理大会"，其中有三届是东京都主办的，包括曼谷、河内、雅加达、吉隆坡、马尼拉、新加坡、仰光在内的东南亚城市已成为该项目最主要的参与者。⑤

灾害管理不仅体现了日本自治体在国际合作中的相对优势，同时也与日本的经济利益密切相关。东南亚是日本企业海外投资的主

---

① MMDA Press Release, "MMDA Identifies 22 Flood Prone Metro Manila Areas," http：//asianjournal. com/news/mmda-identifies-22-flood-prone-metro-manila-areas/, 2014-07-11.

② Discovery News, "Floods Show What Lies Ahead for Sinking Bangkok," http：//news. discovery. com/earth/floods-in-sinking-thailands-future-111107. htm, 2014-08-06.

③ 查雯：《争论中的城市外交与东南亚国家的经验》，《北京社会科学》2015 年第 9 期，第 119 页。

④ UN Habitat, "City-to-City Cooperation：Issues Arising from Experience," file：///D：/%E4%B8%93% E9% A2%98/city% 20diplomacy/City-to-City% 20Cooperation% 20Issues% 20Arising%20From%20Experience. pdf, 2014-07-25.

⑤ ANMC21, "Joint Projects：Crisis Management".

要目的地之一。2011 年 7 月泰国发生的特大洪灾严重破坏了曼谷及其周边五省的工业基地，重创了泰国制造业。据世界银行估计，洪水造成的损失高达 450 亿美元。[①] 其中日本企业损失尤为惨重，多达 450 家日本公司被迫停产。[②] 日本各级政府均面临着来自国内商业团体的压力。[③] 2011 年 11 月，作为众多日本制造企业的注册地，日本爱知县及其首府名古屋市与日本国际协力机构共同派出专家团队，对曼谷工业区的受破坏情况进行考察。[④] 2012 年 11 月，在日本国际协力机构的协调下，日本横滨市又与曼谷签订了《曼谷气候变化总体规划项目 2013—2023》，根据该协议，曼谷将采用横滨政府的经验与技术，应对气候变化带来的包括洪灾在内的一系列挑战。[⑤] 2013 年 9 月，泰国政府与日本政府就洪水早期预警系统达成一项协议，根据该协议，泰国同意由日本国际协力机构主持开发湄南河预警系统，并把该系统与日本的灾害预警系统进行对接，向公众发布湄南河水位数据。[⑥] 以上这一系列举措充分说明，对于日本各级政府而言，通过国际合作推广自身在灾害应对方面积累的经验，也是

---

① World Bank, "The World Bank Supports Thailand's Post-Floods Recovery Effort," December 13, 2011, http：//www. worldbank. org/en/news/feature/2011/12/13/world-bank-supports-thailands-post-floods-recovery-effort, 2014-08-13.

② Ministry of Foreign Affairs of Japan, "Disaster Aid and Disaster Risk Reduction Measures：Responding to the Flood Damage in Thailand," http：//www. mofa. go. jp/policy/oda/white/2012/pdfs/0202_2. pdf, 2016-07-28.

③ Ooska News, "Japanese Investors Urge Renewal of Thai Flood Prevention Projects," May 28, 2014, https：//www. ooskanews. com/story/2014/05/japanese-investors-urge-renewal-thai-flood-prevention-projects_160760, 2014-08-28.

④ JICA, "Preventing Future Flooding in Thailand," www. jica. go. jp/english/news/field/2011/20111228_01. html, 2016-07-28.

⑤ JICA, "Project for Bangkok Master Plan on Climate Change 2013-2023," http：//www. jica. go. jp/project/english/thailand/016/outline/index. html, 2016-07-28.

⑥ Ooska News, "Japanese Investors Urge Renewal of Thai Flood Prevention Projects".

为本地企业海外投资保驾护航的重要手段。

(三) 为国家整体外交形成策应

自治体的外交活动对日本在东南亚的整体外交形成了良好配合。如前文所述，日本自治体在中央政府的 ODA 外交中发挥了越来越大的作用。日本外务省将这一放权过程称为 ODA 的"外包战略（contracting-out strategy）"，指将小规模的 ODA 项目交由非政府组织、大学、智库、咨询机构和地方政府及其附属机构（如地方政府之间组成的国际化联盟）来执行，这不仅可以弥补中央政府不具备地方治理经验的缺陷，同时也使中央政府可以将精力集中于大规模的援助项目。① 这样的"外包策略"减少了中央政府的负担，也更有利于 ODA 项目执行效率的提升。

在国内政治方面，日本外务省也逐渐发现，ODA 外交的顺利推行需要来自国内社会的支持。在财政资源紧缺的情况下，国内社会的理解显得尤为重要。因此，早在 20 世纪 90 年代，外务省就明确提出要加强信息披露、公民的发展问题教育以及公民在 ODA 外交中的参与程度。② 相对于中央政府，地方政府、非政府组织、智库等行为体与日本基层社区保持着更为密切的联系，在向中央政府输送具有地方治理经验的人才和帮助中央政府进行政策解释方面，这些"非中央政府行为体"均发挥了至关重要的作用。

---

① Ministry of Foreign Affairs of Japan, "Council on ODA Reforms for the 21st Century Final Report".

② Ibid.

四、总结

综上所述，日本城市外交自 20 世纪 80 年代后期开始出现"从国际交流到国际合作"的转型，城市外交不再局限于象征意味较强的友城关系，合作形式更加多样化，且更注重合作的实效。中央政府思想观念的变化，以及随之而来的制度构建与资源注入，是日本城市外交转型成功的关键因素。

日本在东南亚地区的城市外交经验也给我们带来一定启发。单就数量而言，中国与东南亚城市缔结的友城数量已经远超日本。截至 2015 年，中国与东南亚国家缔结了 154 对友城，而且中国在东南亚地区的友城分布更为合理，东盟 10 个成员国无一例外均与中国存在友城关系。如何利用好这些友城关系，开发出更多注重实效的合作项目，是中国城市外交面临的挑战之一。应该说，无论是在城市外交项目的规划与设计方面，还是在国内与国际制度的构建方面，日本的经验均值得借鉴。

日本各级政府与东南亚城市的合作还提示我们，东南亚城市的基础设施改造和建设蕴藏着巨大的投资空间。东南亚是 21 世纪海上丝绸之路的第一站。目前，在推进"一带一路"倡议的过程中，中国把重点放在增进与周边国家的互联互通上，交通大干线的铺设又成为境外基础设施投资的重中之重。然而，如前文所述，很多东南亚城市都面临严重的自然灾害威胁，加大对大城市的基础设施投入，确保大城市的安全，是很多东南亚国家的重大利益诉求。在这个问题上，尽管日本各级政府起步较早，但却无法填补所有空白。CityNet 在 20 个亚洲国家的 70 个地方政府中开展的一项调查表明，受访城市普遍认为，现有的城市网络组织在环境、教育、健康以及社会文化等议题方面起到了有益作用，而在基础设施建设、城市财政等方面作用有限。[①] 这也意味着，中国仍有较大的施展空间。从城市基础设施建设方面入手推进"一带一路"的建设，将对东南亚国家各级政府产生一定吸引力，促其响应中国的"一带一路"倡议。而在这一过程中，中国地方政府和城市也应发挥更加积极的作用，大力发展与沿线城市的城市外交，这将是对国家大战略的有益补充。

[①] BernadiaIrawati Tjandradewi and Peter J. Marcotullio, "City-to-City Networks: Asian Perspectives on Key Elements and Areas for Success," *Habitat International*, Vol. 33, 2009, pp. 170-171.

从《纽约时报》
看北京城市形象国际传播的问题与策略*

欧 亚** 熊 炜***

城市形象是一种主观印象，是经由大众传播、人际传播以及个人经历、环境等多种因素共同作用而成。从传播学的角度看，这是一个主观见诸客观的信息处理过程，取决于公众对各种渠道所获取的有关城市信息的接触、加工、理解和记忆。按照李普曼的观点，由于现代社会的复杂化和巨大化，社会公众无法对外部环境中的众多事物产生直接经验，要依赖大众传媒报道所营造的"拟态环境"去认识外部世界。对绝大多数没有来过北京的国际公众来说，北京超出他们的直接经验范围之外：是不可见、不可触、不可理解（out

　　* 本文是北京市教委共建项目"城市营销视角下的北京市外宣策略研究"和北京市对外交流与外事管理研究基地"新媒体环境下北京城市形象的传播策略研究"的研究成果。外交学院外交学专业2014级研究生朱颖、本科生张蕾、2015级研究生张家妮为本研究做了数据搜集工作，特此感谢。本文发表于《对外传播》2016年第6期。
　　** 欧亚，外交学院外交学与外事管理系副教授、外交学院公共外交研究中心研究员。
　　*** 熊炜，外交学院外交学与外事管理系教授、研究生部主任。

of sight, out of reach, out of mind）的，大众媒体对北京报道形构成了北京的媒体形象，并凭借传播的持续性、重复性和广泛性，成为海外民众认知、接触、理解、评价北京的参考依据。

我们选取全球最有影响力的报纸《纽约时报》，作为观察北京国际媒体形象的一个指针，并结合问卷调查的结果，分析北京国际形象传播中存在的问题及可能的行动路线。

研究方法

此项研究以"Beijing"为关键词，在 LexisNexis Academic 数据库中搜索从 2006 年到 2015 年这十年所有提及"Beijing"一词的报道，每年随机抽取 2 个构造周，排除广告、新闻索引等文章，共得到有效报道 442 篇。

前期研究发现，这些报道可以分成两种基本类型：第一是以北京发生的事件为主要报道对象；第二是仅在报道其他新闻事件时提及了"Beijing"一词。

因 2 个构造周中属于第一类报道的样本量较少，又逐年补充抽取了 2 个构造周，共得到 10 年 40 个构造周的有效样本 73 篇，以新闻版面、体裁、篇幅、消息来源、新闻主题、引语、立场偏向等指标进行编码。

第二类报道以新闻版面、提及原因和提及次数三个指标进行编码。

研究发现

北京的提及率逐年上升，2008 年奥运会带来北京的高曝光度。
同亚洲的另外一个世界级城市东京做对比，从 2006 年到 2015 年这
十年间，Tokyo 和 Beijing 这两个词在《纽约时报》中的提及率如下
图 1 所示。2008 年北京奥运会期间，《纽约时报》对北京的关注达
到了高峰，跟 Beijing Olympic Games 直接相关的报道达到了 499 篇，
2008 年之后虽然报道量有所回落，但也维系在较高的水平上，说明
北京在国际媒体中具有较高的存在感。

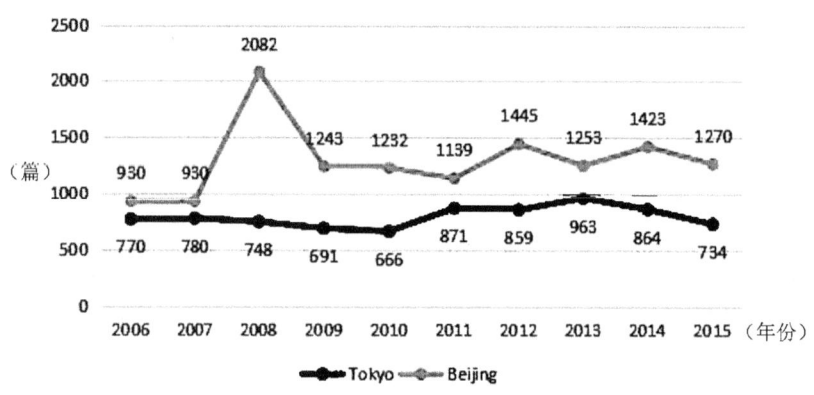

图 1　2006—2015 年 Tokyo&Beijing 在《纽约时报》中的提及率

北京是代表中国和中国政府的政治符号。在 442 篇报道中，有
391 篇、近九成的新闻报道（88%）仅是在报道其他新闻事件时提
及"Beijing"一词，Beijing 在这类报道中的出现频率一般为 1—2 次/
篇。提及原因是：接近一半的新闻（47%）报道中国/中国政府在
国内外重大事件中的立场、态度、决策和行动时，以 Beijing 指代中

国/中国政府；近两成的新闻（17%）因为在报道中提到了北京奥运会（Beijing Olympic Games）；略超一成的新闻报道（13%）中提到跟北京相关的文化活动。相形之下，《纽约时报》以东京指代日本政府的情况不多见，一般集中于东京本地发生的文化、社会等新闻事件的报道。可见，北京在《纽约时报》中的典型形象是代表中国或中国政府的政治符号。

对北京的报道多集中于政治领域，多选择负面题材。 以北京为主的报道超过一半的新闻是深度报道（51%），1000 字以上的报道约为五分之二。在报道议题上主要集中于政治领域，占总量的56%，其次是文化议题（23%）和社会（13%），以及经济议题（7%），对二级议题的分析发现报道多涉及负面题材。以政治议题为例，对内管制（含言论控制）、人权、对外限制、宗教等方面的报道较为负面（见表 1，议题数量为叠加计算）。

表 1　政治议题的报道总量

一级议题	政　治									
二级议题	对内管制	人权	社会治理	对外交往	对外限制	国家声誉	宗教问题	司法裁决	民族问题	意识形态
报道数量	26	15	15	9	5	5	4	2	1	1

在消息来源上，《纽约时报》样本报道中的消息来源多样，涉及国内外政府官员、专家学者、工商界人士、媒体记者、NGO 和普通民众等，信源分布具有广泛性和全面性，中国国内信源的引用比例高于国外信源（69%），中国政府官员和专家学者是被引用频率最高的信源。

对所有以北京为报道对象的新闻进行关键词分析并进行可视化

（见图2）：

图2　以北京为报道对象的新闻关键词

在新闻叙事上，《纽约时报》通过对新闻事件及核心情节、历史、背景、观点的选择和重组，来描述和解释北京"正在发生什么"，以及这些事件是如何与其他社会事件、与更深层次的社会心理、与宏观的政治权力结构相联系的。以2011年4月4日的一篇深度报道 *At China's Grand New Museum, History Toes the Party Line* 为例。这篇报道的新闻由头是位于北京天安门广场的新国家博物馆即将全面开放，新闻导语描述了一个冲突性的场景，"在中国国家博物馆，那些对近代中国复兴之路感兴趣的参观者可以看到邓小平访美时所戴的牛仔帽，也能瞻仰胡锦涛在汶川地震后鼓励灾民共渡难关时用的大喇叭，但是对"文革"感兴趣的参观者只能在一个不起眼的角落里看到一张照片和三行文字说明，这是大到有200平方英尺空间的中国国家博物馆对那段历史的唯一展示"。新闻叙事主要按照上述场景隐含的两条线索交叉展开：一条是博物馆是对展出内容的设置，按照政治需要美化了古代史，突出了鸦片战争以来近代史的某些内容又淡化了另外一些内容，导致展出了开头场景中所述的平淡无奇的展品；另一条是博物馆曲折的重建过程，中国高层领导希望以一个世界首屈一指的博物馆来帮助获取奥运会主办权的北京提升城市形象，也同时能成为代表中国崛起的丰碑。换言之，是政治权力决定了博物馆的形式和内容，记者通过直接引用历史学家的观点："共产党担心如果允许对历史的另外一种表述，会影响其合法性"以及转引博物馆专家的观点"伟大的博物馆不在硬件"来表明倾向性。可见，即使是文化主题的报道，也仍会被置于政治权力冲突——控制的新闻框架下进行报道。

奥运会作为重大和典型的"媒介事件"，增加了北京城市形象的多元性。因为北京奥运会的召开，2008 年《纽约时报》以北京作为报道对象的新闻量也比 2006 年和 2007 年增加了近两倍。从较为多元化的视角展现了一个既有市民高度热情参与、民族自豪感和爱国情感高升，又有激进分子、民运人士抗议噪声；既有高效的奥运会筹备、组织和服务水平又有以政府威权来实施临时政策、进行社会动员、不惜以高昂代价保证"完美"效果，同时又受空气质量困扰的奥运会，并通过奥运会这条主线细致、深入报道了北京古代和现代城市建筑、饮食文化、艺术活动等，尤其是对北京市普通市民生活的 5 篇报道，展现了北京的社会风貌和风土人情，对的士司机的热情等细节进行了描述。这些报道所呈现的北京是一个复杂、多元、立体的城市形象，构建了北京的"富形象"（Rich Image）。虽然奥运结束后，《纽约时报》对北京为主的报道量有所回落，但是 the Olympic/Olympics/ the game 等词是这十年中和 Beijing 一起出现的频率最高的词组之一。

讨论

综合来看,《纽约时报》所呈现的北京城市形象较为单一且负面,政治色彩较浓;作为中国/中国政府的指代语,北京总是同中国参与的国际事件和国内发生的重大事件联系在一起,不论是正面还是负面,这意味着,北京的国际形象不仅是由北京城市本身的情况决定的,更大程度上是由中国复杂的国情决定的。

同时,短时间内,我们也无法依靠我们的外宣媒体去"平衡"国际媒体中较为负面的北京形象。对国外受众媒体使用习惯的调查显示,国外受众是将其所在国的主流媒体和国际知名媒体作为获取有关北京信息的主要媒体渠道,中国传统外宣媒体较为边缘化。即使他们来北京后,国际主流媒体仍然是他们首选的获知北京信息的媒体渠道。换言之,是《纽约时报》等国际媒体而不是我们的外宣媒体更能影响国际受众头脑中关于北京的图像,我们预期传递的信息同我们的目标受众之间还存在对接问题,存在"最后一公里"难题。

因此,北京城市形象国际传播需要理念和模式上的突破,以及与之相适应的机制安排。

第一,在传播什么样的北京形象上,首要的目标是去政治化。在政治层面和意识形态层面,我们的话语体系和西方的话语体系很难建构共通的意义空间,这不是依靠传播本身能解决的问题。通过去政治化内容的传播,根据奥运会的经验,能够增加受众理解北京的维度。其次，北京作为后发的世界级城市，国际形象传播的诉求点应是：包容。区别于西方媒体用"他者"和"异己"的视角去描述北京，北京要提倡中华传统文化中"和而不同"的价值理念：我们不一样，但是我们彼此宽容、接纳和尊重。

第二，在去政治化的传播中，政府要做的工作是整合资源和提供服务。北京市外宣办、新闻办和对外文化交流协会是挂了三块牌子的一个机构，传统上，对外文化交流协会并没有发挥太大作用，而北京市旅游局等部门也实际承担着部分外宣工作。北京需要从机制上通过定位于服务型的文化机构，而不是政治宣传机构，来提供一个外链其他文化体育、旅游、商业机构的服务平台，以更灵活的方式来统一协调城市形象的国际传播。

第三，传播渠道上，我们要重视能同国外受众建立接触点的信息传播渠道。对国际媒体，我们不可能完全改变他们的立场和"坏新闻才是好新闻"的报道规范，就要参与他们的传播过程，尽可能让他们的报道援引我们的观点，包括提供新闻线索和背景，即使记者报道的是负面事件，但是在报道中引用了我们的观点和态度，就能够起到一定的纠偏作用。

更重要的是，要利用新媒体的参与性和互动性，激活旅游者、投资者等在京外籍人士体验和分享北京文化的意愿。比如，可以由上述的文化机构提供一个 App，所有到了北京机场的外籍游客通过扫描二维码添加。App 除了提供在北京生活、旅游的实用信息，可以有嵌入互动性的设计，例如听京剧就可以上传自己照片，生成京剧脸谱风格的卡通图像，录一段自己唱京剧的视频，直接发布到个人的社交媒体平台，让他们感到北京是好玩的，可以体验与参与的，也就是说，新媒体环境下的传播是将信息和观点引入目标群体，让他们互相进行传播。这需要我们充分理解互联网的逻辑，进行北京城市形象传播的顶层设计与思路变革。

友好城市交流的东京经验与
提升北京文化软实力的对策研究[*]

周萍萍[**]

　　随着全球化进程的深化，文化在经济社会发展和国际竞争中的作用越来越凸显，文化软实力研究日益成为一个新的理论热点。城市文化软实力是城市竞争力的核心内容，也是促进城市发展的重要动力。《北京城市总体规划（2004—2020年）》确立了到2050年将北京建设成为世界城市的奋斗目标。文化软实力是世界城市的核心，北京建立世界城市不仅要使北京具有一流的经济、科技水平和金融水准，更要注重提升北京的文化软实力，在城市综合实力的竞争中占领文化软实力的制高点，使文化软实力成为锻造城市凝聚力、激发城市创造力的源泉。目前，北京虽已进入世界城市体系，但尚处于较低层次，与较高层次的世界城市纽约、东京、伦敦、巴

　　* 本文是中央高校基本科研业务费专项资金项目《友好城市交流的东京经验与提升北京文化软实力的对策研究》（项目编号：3162015ZYQB04），发表于《教育现代化》2016年第7期。

　　** 周萍萍，外交学院外语系副教授、副主任。

黎相比还有一定距离。

面对怎样使北京全面成为世界城市这一重要课题，借鉴国外提升文化软实力的经验，无疑有助于提升北京市的国际化水平。日本的首都东京在 1964 年举办奥运会之后开始迈进世界城市之列，加上同处东亚区域，与北京有着很多相似之处，可作为我们参照和借鉴的首选。本文拟从建设世界城市角度上看东京与国际友好城市的对外交流，以及通过这些交流对这座城市的文化软实力提升所起到的直接或者间接的作用，在考察和总结这些经验之上，本着学以致用的精神，联系北京市的实际情况加以借鉴和参考。

一、东京与国际友好城市对外交流格局的形成

东京是日本的 47 个都道府县中，人口最为集中、城市功能最为发达的城市。早在 1960 年，东京就与美国纽约建立了友好城市关系，以后陆续与中国的北京、法国的巴黎和英国的伦敦等城市结为友好城市，通过与友城广泛开展科技、教育、文化、体育等交流活动，增强国际兼容性，形成一个宽松的文化氛围，从而提升自身的文化软实力。

按照东京与友好城市的缔结时期和交流特点，大致可以划分为三个阶段。首先是 1955—1976 年。这一阶段是东京城市建设的大发展时期，也是东京国际化大都市的形成时期。同时，在这一阶段，东京缔结了它的第一个友好城市——纽约，开始通过与纽约的友好城市交往，吸取纽约国际化大都市的建设经验，并通过各种交流和

合作，为东京的国际化大都市建设提供有益的条件。1964 年，东京为迎接第 18 届东京奥林匹克运动会大兴土木，修建了拥有现代化设备的体育场、高速公路等，出现了"奥林匹克繁荣"景象，这些奠定了东京现代化城市的雄厚基础。此后东京城市规模日益扩大，人口高度集中，并以东京为中心，形成了包括一都七县（东京都、绮玉县、千叶县、神奈川全县及茨城县、杨木县、群马县、山梨县的部分地区）的人口稠密、城镇密布、交通畅通、经济发达的城市圈。

第二个阶段是 1977—1985 年。20 世纪 70 年代，日本迫于中美建交的国际形势，开始尝试着与中国的接触，终于在 1978 年与中国建交，开始了在各个领域的友好合作。在这种国家政策的推动下，1979 年 3 月，东京与中国北京建立了友好城市关系。但同时，东京与发达国家的联系也在日益增强。1982 年与 1984 年，东京都先后与法国巴黎市和澳大利亚新南威士州缔结了友好城市关系。在与友好城市交往的过程中，东京的城市建设突飞猛进，1980 年，东京成为国际化大都市。至 1986 年，东京首都圈的面积已达 36820 平方公里，人口为 3761.6 万人，成为世界四大都市圈之一。

第三个阶段是 1986 年至今。这一阶段中，东京与韩国首尔市、印度尼西亚雅加达市、巴西联邦共和国圣保罗市和埃及开罗市一系列亚洲国家及发展中国家的首都缔结为友好城市，加强了与发展中国家的交流与合作，以扩大其影响力。此外，在 1991 年、1994 年和 1996 年，东京都分别与欧洲国家俄罗斯的莫斯科市、德国的柏林市和意大利的罗马市缔结为友好城市，保持着与欧洲各国的联系。并在 2006 年 5 月，与英国伦敦市签订了合作条约。这样，东京自

1960 年到现在，共缔结了 11 个友好城市，并根据各个友好城市的特点进行了不同领域的广泛交流与合作，积极推进东京都的城市建设和发展。

二、东京的国际友好城市交流与提升城市文化软实力

文化交流是东京友好城市交往的最基本形式。东京的文化交流以增强东京城市文化的活力和魅力为导向，通过现代文化产业的发展，激活东京的文化资源，展示东京多样化的文化形态和国际前沿的文化视野，通过创造性的文化生产拓展东京的文化影响力。

据美国友好城市项目网站的介绍，[1] 在过去的 40 多年里，各种各样的交流项目在东京和纽约两个城市间展开。友好城市项目以及东京政府赞助了不计其数的文化方面的交流活动。从 1979 年起，两个城市的合作还表现在一年一度的棒球交流赛以及其他的项目中，如年度儿童艺术交流、东京半程马拉松赛、高中生外交官友谊项目（安排日本高中生去纽约参观市政厅）、东京—纽约业余陶瓷制作大赛等项目。另外，从日本自治体国际化协会（Council of Local Authorities for International Relations）友好城市交流栏目中可以看到，自 1999 年起纽约与东京的交流情况。2000 年，两个城市为纪念结成友好城市 40 周年和"新千年"计划的实施，开展了一系列庆祝活动：东京都知事石原慎太郎与纽约市长朱利安尼（Giuliani）签署了 40 年友谊与友好合作的申明，重新确认了友好城市关系；美国的友好城

---

① 美国友好城市项目组织：http：//www.nyc.org。

市项目组织则为纪念交流合作 40 周年，制作了一个专题影片，突出强调了 40 年友谊的里程碑意义。东京的动漫产业也是在这一时期进入美国市场。他们通过在纽约等城市建立出版机构，通过版权输出的方式将日本国内基本达到饱和状态的漫画杂志和图书销往美国，着手开拓国外市场。

东京与巴黎在教育文化方面的交流亦日益密切。1996 年 11 月 8 日至 10 日，东京举办了由东京大学和巴黎圣丹尼斯八大共同组织的联合研讨会，议题是《后现代化时代的现代性》；1999 年，巴黎建立东京博物馆，旨在为双方的艺术家提供一个开放的空间进行创作和交流；2006 年 12 月，法国巴黎矛杜斯（Motus）电子音乐创研中心举办东京有声艺术展，包含幻听音乐会、电子器乐、音乐诗歌朗诵等形式；2007 年 4 月 13 日，东京大学和法国巴黎高等商学院（HEC paris）举行合作的签字仪式，标志着两个团体开始加强在教育领域的合作；2009 年，巴黎和东京开展国际建筑专业硕士交流培训活动，旨在培养城市规划和城市化建设方面的专业人才。

东京与其他发展中国家城市如巴西联邦共和国圣保罗市、埃及开罗市、俄罗斯莫斯科市的友好交流活动则突出表现为文化教育交流，特别是儿童书画展，在三个城市与东京都的交流中都出现了。此外还建立了高中生互派留学事业或短期交流事业等。东京与亚、非、美洲发展中国家的交流以技术和文化的输出为主导，多为接纳来自友好城市的考察团，以及在友好城市建立海外技术培训中心和文化中心等，以此提升城市文化软实力的吸引力。

三、东京提升城市文化软实力的措施对北京的借鉴

东京借助友好城市交流积极输出自己的传统文化，增强国际影响力，同时输入国外的特色文化提升文化软实力等的做法和经验，为首都北京发展文化软实力，提升国际形象和地位，提供了参考性的借鉴和启示。目前，北京在图书馆、公共艺术博物馆、公共艺术区等公共文化发展方面，还具有很大的提升空间。这些方面，东京都是通过友好城市交流来实现的。

首先，东京通过友好城市交流的窗口，积极输出本市的传统文化，注重发挥市民参与的主导力量，设立自治体国际化协会等民间交流窗口，促进文化传播与发展。东京政府制定政策，把握宏观层面，发挥导向性作用。在这种导向下，东京下属的 23 个特别行政区、26 个市、5 个町和 1 个村，以及各式各样的民间团体通过各种渠道，不断加强与外国城市的联系，结合自身特点，缔结了很多友好城市，进行了广泛的交流与合作，为东京的友城交流注入了活力与生机。

东京的 23 个特别行政区、26 个市、5 个町和 1 个村中有 20 个区、8 个市和 3 个町拥有各自的友好城市，约占一半。其中一些区市还缔结了多个友好城市，拥有 2 个以上友好城市的市区町占了 38.7%。[①] 而且，东京的各市区町村基本上都设立了国际交流沙龙或

---

① 参考日本自治体国际化协会东京本部网站的资料统计算得出，http：//www.clair. or.jp/ cgi-bin/simai/j/3b2.cgi。

国家交流振兴协会等面向居住在本地的外国人的窗口，通过传统文化的普及、发展及"国际交流活动"等，以支援、促进在中央区居住、工作、集会等的人们的文化活动和国际交流活动，推动区民与外国人的交流事业。

进入 20 世纪 90 年代，日本自治体国际化协会在协调和发挥城市对外交流中发挥了窗口作用，被称为"民间大使馆"。其主要业务之一就是协助以缔结友好城市为首要内容的地方政府国际交流及国际合作事业，即协助友城工作。此外，日本国际贸易促进协会、日本经济协会、日本商会等民间团体以及诸如日本中国友好协会等专门致力于两国友好交流的组织在促进友好城市交流方面也发挥了重要作用。

其次，在与友好城市交流过程中，东京注重教育文化交流，以提升城市的文化氛围，增强文化软实力的吸引力。东京都与友好城市的交流活动中，青少年间的交流活动占主流。据日本自治体国际化协会东京本部网站的统计，东京都与友好城市的教育·文化方面的主要交流活动共有 33 件（1999—2004 年），其中青少年之间的交流就有 25 件。[1] 而且东京都与 11 个友好城市都分别建立了高校生留学或短期交流项目。互派少年排球、足球、乒乓球、棒球以及艺术等团体也是青少年交流的一项内容。

青少年是未来发展的生力军，增进交流有助于青少年树立正确的历史观、价值观，也有助于培养他们的国际意识与世界和平友好的观念。还有，图书交流构成东京与友好城市文化交流的主要形

---

① 参考日本自治体国际化协会东京本部网站的资料统计算出，http：//www.clair.or.jp/cgi-bin/simai/j/3b2.cgi。

式。东京与北京市、韩国首尔市、澳大利亚新南威尔士州文化交流的主要内容就是图书交换。东京的中央图书馆与北京的首都图书馆、首尔的特别市正读图书馆、新南威尔士的州立图书馆都建立了友好关系，进行图书交换和馈赠等交流活动。图书交流使友城双方图书馆的过剩资源实现转换，不仅丰富友城双方的藏书资源，扩大书籍类型，还可实现资源共享以及循环再利用，收益很大。

此外，通过与友好城市的交流活动，东京注重发展创意和特色文化，积极推进文化出口，提升文化软实力的影响力。东京在与友好城市的交往过程中，根据双方城市的特点进行一些特色交流。如东村山市是位于东京都多摩地区的一座风景秀丽的小城，它与友城美国独立城（Independence）的交流内容之一便是日本庭院的推广。2007 年，荒川区派友好代表团出席友城韩国济州市举办的正月烧烤大会，以了解友好城市的风土人情。诸如此类的交流活动不仅可以推广本国文化，还促进了当地的观光旅游，值得我们借鉴。

特别值得一提的是动漫文化的输出。东京作为后发达国际大都市，凭借动漫获得了高度的国际认可。2007 年，日本动漫产业成为日本国内的第六大产业，它在国际市场上的发展更是引人注目，占据了全球动漫市场 62% 的份额，而富有动漫底蕴的东京，在政府的大力扶持下，通过友好城市交流的媒介和成熟的市场运作机制，成为名副其实的"动漫之都"。目前东京有 359 家动漫企业，约占日本动漫企业总数的 78.8%。动漫产业不仅给东京带来了巨大的经济效益，更为主要的是提高了东京的国际认可度。[1]

---

① 闻瑞东：《国外发达城市文化软实力的提升及启示》，《社科纵横》2011 年 9 月，第 58 页。

　　随着动漫产业不断被国际认可，东京开始建立动漫品牌战略，首推展会战略。2002 年起，东京国际动画展作为国际性大会，不仅为动画企业服务，更为主要的目的是向消费者宣传，规定每年 3 月在台场举行。参加人数每年呈递增趋势，至 2007 年入场人数突破10 万人，东京国际动画展已成为全球动画盛事中规模最大的一个盛会。其次是宣传战略。动画品牌化离不开宣传活动，具体而言是通过门户网站等媒体传播各种动画信息，由此带动了传媒业的发展链条。最后是旅游战略。东京借助动画的影响力，建立与动画和漫画相关的设施，如三鹰吉卜力美术馆、杉并动画博物馆，以及宣传动画形象的主题公园等，使这些地区成为旅游胜地，受到动画迷们的推崇。① 从动漫产业到影视业、传媒业、国际展会、博物馆等旅游业的推进全方位地提升了东京的文化软实力。北京作为国内领先城市，亦可以新媒体为发展重点，打造具有国际影响力的传媒集团，借助媒体力量，结合中华传统文化，营造完善的影视与动漫服务体系，形成完整的影视与动漫产业链，通过产业的繁荣带动文化软实力的提升。

　　通过分析东京在与国际友好城市交流过程中，提升自身文化软实力的措施和经验，可以看出，东京在提升文化软实力战略上秉承了传统与创新并存，注重吸收和融合世界各国的先进文明成果等，特别是在图书馆、公共艺术博物馆等公共文化方面，借助友好城市交流的媒介，积极开展公共文化设施建设，以提升自身的文化软实力。随着国际交往的密切，友好城市之间的交流亦越来越发挥着重

---

　　① ［日］增田弘道等：《动画软实力与文化产业品牌战略》，《文化艺术研究》2008 年 7月，第 234—236 页。

要的作用。北京要实现建设国际化大都市的目标，离不开与友好城市的交流与合作，所以今后我们应该继续对友城进行分类研究，对个别友城进行深入调研，更科学、更全面、更深层次地完善国际友好城市工作管理体系，开展充满活力的友好城市交流活动，立足于提升北京文化的传承力、创新力和凝聚力。

第三章　城市管理与城市发展

驻京外国记者的法律规制研究*

张春燕**

北京是我国的政治、文化、科教和国际交往中心，也是中央人民政府和全国人民代表大会的办公所在地，绝大多数外国新闻机构在华派驻记者均会首选进驻北京，驻京的外国记者呈现出逐年上升的趋势。截至 2013 年 12 月，共有 59 个国家的 445 家新闻机构在我国派驻记者，总人数约 700 名。① 作为一个特殊的群体，驻京外国记者不仅是北京与世界各国及地区进行交流和沟通的重要渠道，也是北京发展和变革的亲历者、见证者和参与者。如何对他们进行法制化的管理，是北京建设"中国特色世界城市"进程中一个不可回避且非常重要的课题。

* 本文受北京市哲学社会科学规划重点项目"北京建设中国特色世界城市中的外国人管理机制研究"的资助，项目编号：12FXA001，发表于《湖北警官学院学报》2015 年第 2 期。

** 张春燕，外交学院国际法系讲师。

① 焦源源：《445 家外国新闻机构在华派驻记者总人数近 700 名》，中国网新闻中心，http：//news. china. com. cn/txt/2013-12/13/content_30880775. htm. 2013-12-13。

一、驻京外国记者管理的立法历史回顾

我国对驻京外国记者这一特殊群体的法律规制始于1981年，在此之前，由于入境的外国记者数量有限，政府并没有出台相应的法律法规对其进行管理，外籍记者只是由国家新闻总署里的管理境外新闻的部门来监管。在1978年中国改革开放之后，我国的经济发展与制度改革慢慢受到了国际社会的关注，世界各国的新闻机构纷纷向我国派驻记者，北京成为首当其冲的派驻地点。由于外国记者逐年增多，为了保障这一特殊群体的权利，明确其法律地位，在1981年的3月9日，国务院针对外国记者常驻我国的情况印发了相关的文件与规定。

规定中对于进入我国境内的外国记者实行批准注册制度，指的是如果境外的新闻机构要派驻华记者，那么必须要先向我国的外交部提交申请，在得到批准并办理登记手续之后才可以派遣。① 如果在入境之后中断业务，也需要提前30天向外交部新闻司递交通知，处理完有关的事宜之后才可以申请注销。②

随后，受1989年北京政治风波的影响，外国媒体上出现了大量有关中国的不实报道，一些外国记者的业务活动超出了正常的采访报道范围。以此为背景，国务院于1990年1月19日颁布了《外国记者和外国常驻新闻机构管理条例》（以下简称《外国记者管理条

---

① 详见《国务院关于管理外国新闻机构常驻记者的暂行规定》第一条。
② 详见《国务院关于管理外国新闻机构常驻记者的暂行规定》第二条、第五条。

例》），对外国记者进行业务活动的管理及审批程序做了更为详细的规定。同年 3 月 19 日，北京市人民政府以第 4 号令的形式公布了《北京市外国记者和外国常驻新闻机构管理条例实施办法》（以下简称《北京外国记者管理办法》），规定不论是来京进行短期采访的外国记者还是常驻记者，其采访活动必须事先获得审批：短期采访记者须由接待单位协助其履行审批程序。常驻记者如需采访北京市领导人，首先要在所在市的外事办公室提交申请，同时得到其允许；在北京的驻华记者如果要在市区或周边城区及近郊的政府部门进行采访，需要提前向该地区的政府外事部门提交申请，得到允许后方可进行采访；如果是采访远郊的区县人民政府部门，需要向市人们政府的外事办公室递交申请，得到允许后方可进行。① 如果是驻外地的常驻记者想要在京采访，主要指采访上述的政府部门或单位，需要向北京市人们政府外事部门递交申请，得到允许后才可采访。② 另外，无论是常驻记者还是短期采访记者，如需聘用中国公民担任工作或服务人员，或是租用办公场所，均应通过北京外交人员服务局办理相关事宜。③

《外国记者管理条例》与《北京外国记者管理办法》还明确了对非法进行采访活动的外国记者的处罚措施，即对于获得批准进行采访活动的外国记者，外国记者在违反了有关的法律规定时，这就由外交部新闻司来按照他所违反法律规定的情节严重程度实行相应的处罚，（如告诫、暂停或制止其工作，严重者吊销其外国记者证），对于那些业余的不具备记者身份的外国人随意地在我国境内

---

① 详见《北京市外国记者和外国常驻新闻机构管理条例实施办法》第三条。
② 同上。
③ 详见《北京市外国记者和外国常驻新闻机构管理条例实施办法》第五条。

169

进行采访报道活动时，这就由公安部门根据所触犯法规的轻重程度去进行处理。①

随着中国改革开放的进一步深入，这种严格的外国记者注册及审批制与国际惯例有很大的差距，表现为采访区域狭窄、采访审批手续烦琐、采访活动限制严格、中国雇员的违规采访以及出入境和采访设备受限制等方面。② 如果遇到偶然性的重要新闻，在经过一系列的完整手续之后才去现场，这就会使国外记者发布新闻的效率降低很多。

以 2008 年北京奥运会为契机，国务院公布了《北京奥运会及其筹备期间外国记者在华采访规定》（以下简称《奥运会采访规定》），对长期以来所实施的严格的外国记者管理制度进行了极大的松动。最让人关注的就是第六条：外国的记者只要拿着合适的有效证件进入中国境内，他们在采访时只需要征得某个单位和个人的同意就可以进行采访，可以说他们拿着有效的证件对奥运会进行采访，再也不需要中国有关单位去迎接，他们赴北京之外的其他地方采访也无须外事部门的批准。

针对奥运会制定的采访规定期满的情况，在 2008 年的 10 月 17 日国务院向外界公布了相关条例，主要是针对外国新闻机构和记者驻华采访的规定，其中的部分内容将 1990 年版条例中涉及的相关程序规定保留了下来，除此之外，便是对《奥运会采访规定》中为外国记者提供的各项在奥运期间所享有的"临时便利"制度的常规化

---

① 详见《外国记者和外国常驻新闻机构管理条例》第十九条、第二十条以及《北京市外国记者和外国常驻新闻机构管理条例实施办法》第六条。

② 孟建、陶建杰：《中国新闻管理制度的历史性进步——我国实施"北京奥运会外国记者采访规定"的理论阐释》，《新闻记者》2007 年第 5 期。

和法制化，为他们在华的采访活动提供了更为广阔的空间。

二、驻京外国记者管理的现行法律制度分析

随着我国法制进程的加快，目前我国已经形成了以《外国记者采访条例》为主，包括《关于海关办理外国常驻新闻机构、外国记者采访器材进出境手续的公告》等法规在内的一系列涵盖外国记者管理各个方面的法律制度体系。具体而言：

（一）对外国记者的界定

条例针对外国记者本身定义了两种形式，主要是将驻华的外国记者分成了常驻和短期两种。前者规定的常驻记者是由外国新闻机构派遣驻华时长超过半年从事新闻采访的职业记者，另一个则是指在半年以内从事新闻采访的职业记者。[①]

（二）外国记者的权利

中国对外国记者承诺依法保障他们的合法权益，为他们新闻采访提供有利的条件。外国记者在我国工作期间享有的权利主要包括以下两个方面：

一是新闻自由权。它来源于宪法所规定的言论、出版自由权。

---

① 详见《中华人民共和国外国常驻新闻机构和外国记者采访条例》第二条。

在 2008 年《外国记者采访条例》颁布之前，我国一直对外国记者实行严格的批准注册制，即外国常驻或短期采访记者只有依照法定程序向外交部新闻司或是相关的主管部门提出申请并经批准后，才能从事采访活动。《外国记者采访条例》出台后，对于在我国的外国记者而言，采访的自由度不断改善；如果他们来我国进行采访，不需要由国内的单位提供协助和接待，如果是在开放的地区采访，也不用提前向有关部门申请批准和备案。除此之外，外国记者还可以聘请我国的公民协助工作，但是必须是由外交部或相关部门认证或指定的服务单位。[①]

二是所用采访器材的进出境权利。外国记者因采访报道需要，在依法向进境地海关提交有关主管部门的批准文件后，可临时进口、设置和使用无线电通信设备。[②] 对于需携带采访器材入境的短期采访记者，需向入境地的海关提交具备出具担保函资质的邀请单位的担保函及器材清单；如果邀请单位不具备出具担保函资质，或是该外国记者是自行来华采访的，应当向入境地的海关提交经海关认可的银行或非银行金融机构的担保函，或相当于税款的保证金、器材清单。[③] 对于外国国家元首、政府首脑和外交部长等国宾团的随行外国记者所用的采访器材，需在进境地海关凭外交部新闻司出具的国宾随行记者器材证明信和器材清单办理入境手续；采访结束后，还应及时将采访器材复运出境。[④]

---

① 详见《中华人民共和国外国常驻新闻机构和外国记者采访条例》第十七条。

② 详见《中华人民共和国外国常驻新闻机构和外国记者采访条例》第十九条。

③ 详见《关于海关办理外国常驻新闻机构、外国记者采访器材进出境手续的公告》（海关总署公告 2008 年第 104 号）第三条。

④ 详见《关于海关办理外国常驻新闻机构、外国记者采访器材进出境手续的公告》（海关总署公告 2008 年第 104 号）第二条。

（三）外国记者的义务

外国记者在我国进行采访活动应履行的义务主要体现为三点：

一是外国记者应该遵守我国的法律法规，进行辩证的、客观的采访报道，不能随意地做不符合其身份的非法采访或报道，对某个单位或个人进行采访时务必征得其同意且出示外国常驻记者证或短期采访证才能进行采访。①

二是需要按照我国的外国记者签证制度执行。其中对短期和常驻采访两种形式的外国记者作了明确规定，他们需要向我国的驻外使馆或外交部授权的机构申领签证；另外就常驻记者而言，还应该从入境的七天之内，携带本人护照到指定的外事部门办理常驻记者证。② 另外，常驻记者在中国境内从事采访活动应当由其服务的外国新闻机构事先直接或者通过中国驻外使领馆向外交部提出申请，获得批准后方可入境。③

三是应当遵守我国的外国常驻记者注销制度。如果外国常驻记者证件有效期满，但没有提前向外交部门或者被委托的人民政府的外交管理部门提交延期的申明，或者是外国常驻记者在我国境内居留时间每年累计少于 6 个月的，就会被看作主动放弃记者资格，下发的境外常驻记者证也会被取消。④ 另外，如果外国常驻记者任期

---

① 详见《中华人民共和国外国常驻新闻机构和外国记者采访条例》第四条、第十七条。

② 详见《中华人民共和国外国常驻新闻机构和外国记者采访条例》第十条。

③ 详见《中华人民共和国外国常驻新闻机构和外国记者采访条例》第九条。

④ 详见《中华人民共和国外国常驻新闻机构和外国记者采访条例》第十二条、第十三条。

届满且不再派驻中国的，外国常驻新闻机构应当在其任期届满前主动到外交部或者外交部委托的地方人民政府外事部门注销其记者证。[①]

三、完善驻京外国记者管理相关法律制度的建议

从总体上看，我国现行的外国记者管理法律制度体系还比较简单，在很多方面都缺乏可操作性，这为下一步相关法律制度的完善提出了要求。

第一，应当进一步加强驻京外国记者的新闻自由权。有学者通过调研后指出，虽然最近几年在华的外国记者普遍感到在中国的工作环境日益改善，可是对政府工作人员的采访依然是个难点，另外，和在首都不一样的是，国外记者在别的地方进行采访可能会遭到一些地方人员的阻挠。[②] 虽然我国的《政府信息公开条例》早在2008年5月就开始施行，规定了新闻媒体（包括外国媒体）有获得和发布政府信息的法定权利；最高人民法院也于2009年12月印发了法发〔2009〕58号，要求人民法院为新闻媒体提供便利，以满足公众和媒体了解庭审实况的需要。[③] 2010年中央和各级地方党政部门新闻发言人制度也陆续建立。但所有这些法律制度的颁布以及相关措施的实施，都应当与外国记者管理的法律制度接轨，给他们更

---

① 详见《中华人民共和国外国常驻新闻机构和外国记者采访条例》第十三条。

② 李成贤：《外国记者在华工作感受访谈录》，《中国记者》2012年第11期。

③ 详见最高人民法院印发《关于司法公开的六项规定》和《关于人民法院接受新闻媒体舆论监督的若干规定》的通知（法发〔2009〕58号）第二条。

广阔的采访空间，保障其正当的采访权利。

第二，应当完善处理驻京外国记者非法采访方面的法律法规。绝大多数外国记者到我国来的目的是为了客观公正地报道，能够恪守新闻职业道德。但也有个别外国记者在我国境内进行非法采访活动，如未经同意摄录某些敏感事件的现场，采访有关人员，造成恶劣影响。外交部曾于1997年印发了《关于现场处理外国记者在华非法采访的实施办法的通知》，规定要根据外国记者非法采访活动的不同情况实施不同的处罚措施。但该通知颁布至今已经过去十多年了，面对不断出现的新问题、新情况，亟待相关法律法规的出台，并提出明确的且具有可操作性的处理措施。

第三，现在的法律法规对外国记者所携带的采访工具要进入境内的要求有一定的局限性，为了他们的采访效果，应当放宽对外国记者携带采访工具的限制，尤其是外国短期记者要携带采访器材暂时进境的，手续及程序非常烦琐，这在一定程度上加大了外国短期记者的入境成本。有些外国记者为了提高新闻报道的效率，无视相关法律的规定，私自携带采访器材入境，或是使用隐蔽式的便携卫星转播设备进行电视转播，一般的检查很难发现，在这种情况下，法律对他们的限制其实已经形同虚设。[1] 因此，适当放松对外国记者采访器材出入境的管制，保障其正当权利的同时对其加以正确的引导，将为我国和国际新闻界互信共赢提供新的契机。

---

[1] 孟建、陶建杰：《中国新闻管理制度的历史性进步——我国实施"北京奥运会外国记者采访规定"的理论阐释》，《新闻记者》2007年第5期。

在京外国留学生
法制化管理中存在的问题[*]

张春燕[**]

作为中国的首都，北京是中国的政治、文化和教育中心，拥有我国最先进的教育资源，名校云集，对外国留学生有着巨大的吸引力，尤其是 2010 年北京市实施"留学北京行动计划"以来，选择到北京留学的外国留学生每年都呈现出递增的趋势，北京目前已成为全国接受留学生数量最多的城市之一。作为一个特殊群体，外国留学生在其留学北京期间会遇到日常生活中方方面面的问题，如奖学金的申请、参加社团或宗教活动、居留居住、工作就业等。为了规范对在京外国留学生的管理，北京市政府颁布了《关于外国留学生工作的若干规定》以及《外国留学生奖学金管理暂行办法》等多个地方规范性文件，除此之外，国务院各部门出台的一些部门规章

　＊　本文受北京市哲学社会科学规划重点项目《北京建设中国特色世界城市中的外国人管理机制研究》的资助，项目编号：12FXA001，发表于《人民论坛》2015 年 2 月 11 日。

　＊＊　张春燕，外交学院国际法系讲师。

或规范性文件也是对在京外国留学生管理的法律渊源，如 1985 年
10 月制定的《外国留学生管理办法》；1992 年出台的《关于妥善解
决外国留学生在华非法居留问题的通知》，以及 2000 年颁布的《高
等学校接受外国留学生管理规定》。

从总体上看，相关法律法规的实施为推动在京留学生教育的发
展发挥了巨大的作用，但随着改革开放的不断深入和国际交往的不
断扩大，这些法律规范无论从内容上还是从数量上都远远落后于北
京留学生教育的迅猛发展，表现为大多数规定不是专门针对外国留
学生的，而且多为原则性的一般规定，普遍适用于所有的外国人；
有些法律规范已经严重滞后，不能适应新的发展需要；还有一些法
律规范仍然空白，需要根据实践进一步补充和完善；等等。^① 伴随
着北京建设中国特色世界城市的进程，在京外国留学生法制化管理
中存在的问题主要体现在以下几个方面：

一、在京外国留学生就业管理中存在的问题

在 2013 年新《出境入境管理法》颁布之前，我国对外国留学
生在留学期间的打工行为进行非常严格的限制，即不允许他们在我
国直接就业，只允许从事与其知识特长或所学专业相关的科研、文
化等勤工俭学活动。如《高等学校接受外国留学生管理规定》要
求，外国留学生在其留学期间只能参加勤工俭学，不得就业、经商

---

① 许军珂：《关于完善外国留学生法制化管理的几点建议》，《河北北方学院学报（社
会科学版）》2010 年第 12 期。

或是从事其他营利性活动；为防止外国留学生在留学期间变相就业或是在签证结束后以非法身份就业，该规定还指出外国留学生在学业结束后必须在规定时间内出境；如果外国留学生想在中国就业，只能待留学期满毕业回国，有一定工作经历后，再以就业者的身份来中国就业。《北京市关于外国留学生工作的若干规定》第十六条也规定了未经批准在校的外国留学生不得在中国就业、经商，学业结束后应及时回国，不得逾期居留；其所在学校也不得介绍在校的外国留学生外出谋职。

之所以对外国留学生的就业行为进行严格管理，主要是因为接受外国留学生的高校和政府主管部门对外国留学生的就业行为存在一些模糊的认识：或是基于现实的考虑，认为在当前总体就业形势比较严峻的大环境之下，放松对外国留学生就业的管控可能会有损我国公民的利益，不利于我国就业市场的稳定；或是从传统教育思想的出发，认为外国留学生的就业行为属于不务正业，如若放松管理则会一放就乱。[①] 在这些观念的影响下，执法部门在执法过程中，并不对勤工助学与非法就业行为加以区分，只要外国留学生进行收取报酬的劳务行为，就会被视为非法就业进行处理。

但在实践中外国留学生打工的现象依然非常普遍，甚至有不少外国留学生瞒着学校暗中打工。尤其是 2008 年世界金融危机爆发之后，以勤工助学的名义赚钱已成为外国留学生改善学习条件、保障生活安定的重要途径。实际上，允许外国留学生勤工助学已经成为国际通行的做法，如德国、法国、美国、日本、韩国等国都允许外

[①] 金一超：《外国留学生勤工助学管理工作之探讨》，《安徽工业大学学报（社会科学版）》2007 年第 1 期。

国留学生利用假期时间打工，甚至规定即使在正常学习期间在不超规定时限的前提下也可以打工。① 以便吸引更多的外国留学生入境读书，刺激国内的教育事业及相关行业的发展。

在这种情形下，为了满足与时俱进的现实发展的需求，新《出境入境管理法》第四十二条明确提出，国务院教育主管部门会同国务院有关部门建立相应的外国留学生勤工助学管理制度，对勤工助学的岗位范围和时限作出规定。这是我国首次以立法的形式对外国留学生的勤工助学情况进行了明确。另外，新《外国人入境出境管理条例》（以下简称《出入境管理条例》）也对外国留学生的勤工俭学、实习等行为进行了规范，实际上也对外国留学生的就业问题赋予了合法性。该条例第二十二条规定，入境的外国留学生如需在校外勤工俭学或实习，应当经其所在学校同意，并向公安机关出入境管理机构提出申请；如果持学习类居留证件的外国人所持居留证件未加注勤工助学等规定信息的（如实习地点、期限等），不得在校外勤工助学或实习。第二十六条还进一步明确了，招收外国留学生的用人单位，以及外国留学生本人都有及时向所在地县级以上地方人民政府公安机关出入境管理机构进行报告的义务。

新《出境入境管理法》及《出入境管理条例》的实施，无疑会使外国留学生勤工助学行为合法化，并使执法机关的管理工作有章可循。但同时，我们也应该看到，更具可操作性的细则和管理办法尚未出台，建议相关部门在制定相关规则时，应当尽量和国际通行的做法接轨，引导外国留学生的就业行为向着健康有序的方向发展。

---

① 金一超：《外国留学生勤工助学管理工作之探讨》，《安徽工业大学学报（社会科学版）》2007年第1期。

二、在京外国留学生奖学金管理中存在的问题

外国留学生奖学金制度是对留学生进行法制化管理的重要组成部分，高额的奖学金是吸引外国留学生选择来京留学的一个重要因素。近些年来，我国对来华外国留学生的奖学金经费支持不断扩大，从来源上看主要有四类：中国政府奖学金在外国留学生奖学金中所占的比例最大，地方政府奖学金、高校奖学金以及企业奖学金是中国政府奖学金的有益补充。[①] 尽管考虑到外国留学生生活需要及物价上涨等因素，教育部与财政部于 2008 年 6 月联合下发文件对外国留学生奖学金生活费标准进行了大幅的提高，[②] 但总体而言，由于长期以来我国的外国留学生奖学金主要由中央政府提供，在覆盖范围与发放额度上与发达国家相比仍有较大的差距，在国际留学生市场缺乏吸引力。

为了进一步促进北京市外国留学生教育的发展，吸引更多的外国留学生来京学习，北京市政府于 2005 年批准设立了"北京市外国留学生奖学金"，并拨款 3000 万元的财政资金作为启动资金，这是我国首个由地方政府设立的留学生奖学金。[③] 2007 年北京市政府颁布了《北京市外国留学生奖学金项目管理暂行办法》，该办法指出，

---

① 马方来：《中韩外国留学生奖学金政策比较及其启示》，《黑龙江教育学院学报》2009 年第 12 期。

② 详见《教育部、财政部关于调整外国留学生奖学金生活费标准的通知》（教财〔2008〕7 号）第一条、第二条。

③ 郭素红：《优化北京高校外国留学生教育的问题及对策》，《北京社会科学》2011 年第 3 期。

北京市人民政府对在京学习的以及拟来京学习的外国留学生提供学费资助，奖学金按资助额度的不同分为五档，标准由《北京市外国留学生奖学金实施办法》规定；奖学金项目的经费由北京市政府专项拨款，并鼓励多渠道联合资助以及学校安排配套经费，由市教育委员会和市财政局组成外国留学生奖学金项目建设领导小组负责该项目的协调、指导、监督和管理。

从目前的发展状况来看，北京外国留学生奖学金的资源已经从单一的中央政府奖学金发展到市政府奖学金、高等学校奖学金、大企业奖学金等相互补充的态势。[①] 外国留学生奖学金体系建设正在逐步加强，为在京外国留学生规模的进一步扩大提供了可靠的保障。但是，与国际发达国家的高等学校相比，奖学金的金额仍然很低，其范围仅限于对学费的资助，普及率也远远不够，还应继续加大投入，使奖学金体系成为北京留学生事业发展的重要推动力量。

三、在京外国留学生居住管理中存在的问题

外国留学生与本国学生不同，他们来自不同的国家，有着不同的文化背景和风俗习惯，在我国接受外国留学生的初期，由于留学生人数并不多，对留学生居住的管理主要采取的是封闭方式，即留学生的吃、住等日常生活均须在学校内部解决，不允许他们在校外

[①]　郭素红：《优化北京高校外国留学生教育的问题及对策》，《北京社会科学》2011 年第 3 期。

居住。① 但是随着留学生人数的快速增长，许多学校有限的经费已经无法赶上日益庞大的外国留学生人数的发展速度，大多数留学生选择在校外居住，致使传统的以学校为主的留学生居住管理工作逐步转变为由公安、学校、社区等相关部门的共同管理，这无形中加大了对留学生居住管理的难度，表现为以下两点：一是由于管理部门对校外住宿留学生的管控能力相对薄弱，这些留学生因治安问题、合同纠纷、邻里矛盾等产生的违法行为要远高于校内住宿的留学生；② 二是由于越来越多的留学生选择在学校周边的社区租房居住，导致留学生聚居区的形成，这些聚居区由于社区内人员结构复杂，流动性大，逐渐成为一个治安形势严峻，社会矛盾凸显的复杂社区。如北京市五道口地区已成为北京市留学生数量最多、处理留学生事务最多的外国留学生聚居区。③

针对这些问题的出现，2000 年教育部、外交部和公安部联合发布《高等学校接收外国留学生管理规定》，其第三十八条指出"外国留学生可以在校外住宿，但应当按照规定到所居住地的公安机关办理登记手续"。2007 年北京市出台的《北京市关于外国留学生工作的若干规定》第十五条也要求外国留学生居住地点变更后，应在 10 日内到公安机关办理变更手续，这些规定均为外国留学生的居住管理提供了法律上的依据。

但在实践中，由于外国留学生在校外居住的地点相对分散，再

----

① 许军珂：《关于完善外国留学生法制化管理的几点建议》，《河北北方学院学报（社会科学版）》2010 年第 12 期。

② 张伶华：《浅析外国留学生校外住宿的管理——以武汉大学为例》，《科技创业月刊》2012 年第 6 期。

③ 赵芸：《外国留学生社区管理模式探析》，《辽宁警专学报》2013 年第 11 期。

加上许多留学生不太了解相关的法律规定，致使实践中公安机关的登记管理制度并不能及时有效地得到遵守，容易形成管理的空白，从而引发治安案件或是其他社会隐患的产生。因此，有学者建议在未来的留学生居住管理工作中，应当建立公安机关、高校、社区、教育管理部门等相关留学生管理部门共享的留学生管理信息库；并构建以公安机关出入境管理部门、留学生聚居区派出所为主，学校、教育主管部门、留学生聚居区居委会、物业公司、留学生代表共同参与的一种网格化管理模式。①

四、在京外国留学生社会管理中存在的问题

近年来，外国留学生教育已成为北京教育国际合作交流的一项重要内容，而北京市也逐步建立起了一套来华留学教育管理服务的法律法规体系。但是，留学生的管理工作不仅包括教育管理，还包括对留学生的社会管理。其中社会管理同样非常重要，涉及政府、社会的多个方面，主要包括外国留学生的结社管理以及宗教活动管理等各项事宜。

结社自由、集会自由、宗教信仰自由都是世界各国宪法普遍承认的公民的基本自由权利。外国留学生之间有着共同的外部环境，同时又远离自己熟悉的社会环境，人际关系发生了变化，这种状况会容易使他们形成社团。② 为了保障外国留学生的基本自由权利，

---

① 赵芸：《外国留学生社区管理模式探析》，《辽宁警专学报》2013 年第 11 期。

② 李锰：《从在京外国留学生社团情况谈"外国人结社法"的立法必要性》，《公安大学学报》1996 年第 9 期。

《高等学校接收外国留学生管理规定》第四十条规定：允许外国留学生在遵守相关法律法规的前提下，进行出版、结社、集会、游行、示威等活动；外国留学生在我国境内进行宗教活动必须遵守《中华人民共和国境内外国人宗教活动的管理规定》。2007 年北京市出台的《北京市关于外国留学生工作的若干规定》中也规定了学校应尊重留学生的民族习惯和宗教信仰，外国留学生提前报请学校批准后，可在校内指定地点和范围内举办庆祝其国庆日、独立日等庆祝活动；外国留学生过宗教生活应遵守《中华人民共和国境内外国人宗教活动管理规定》；在校留学生未经中国政府主管机关的批准，不得成立跨学校、跨地区的学生组织；不得从事传播宗教等与留学生身份不符的活动。

从北京市的外国留学生社团现状来看，比较大的学生组织已形成规模，如"非洲同学会""日本人会""韩国学生会"等。这些学生社团多以驻京的外国商社和使馆的支持为基础，并收取会费作为活动经费，开展联谊和文体等活动。[1] 随着外国留学生人数的不断增加，这些社团的人数逐年呈上升趋势。他们中的大多数人能遵守我国法律，但也有少数人无视我国法律者。但从我国规范外国留学生结社活动的法律规范来看，目前仅有一些原则性的规定，基本的做法似乎是采取"不承认、不取缔、不发生关系、不承担任何义务和责任"的态度，这种现状不仅不利于我国改革开放的现实需要，也不利于我国依法治国良好国际形象的树立。[2]

同样的问题也存在于对外国留学生宗教活动的管理当中，一方

---

[1] 李锰：《从在京外国留学生社团情况谈"外国人结社法"的立法必要性》，《公安大学学报》1996 年第 9 期。

[2] 魏少春：《谈外国留学生居留管理问题》，《辽宁警专学报》2010 年第 11 期。

面，对留学生宗教活动管理方面的法律应当进一步具体化，明确外国留学生在宗教信仰及宗教活动方面的权利与义务，使他们在组织或进行相应的活动时有法可依，具有可操作性；另一方面，还须规定违法行为的处罚种类、措施以及幅度，为执法部门的执法工作打下坚实的基础。

综上所述，北京具有丰富的高等教育资源，在全国来华留学教育事业中具有得天独厚的优势。在建设现代化世界城市的新形势下，北京已经制定了一系列的外国留学生管理法规政策，在规范外国留学生教育方面起到了很好的作用，但是当前在发展留学生工作方面仍然存在着一些亟待解决的问题，涉及留学生的奖学金管理、就业管理、居住管理、社会管理等方方面面，我们应充分认识法律规制对留学生管理工作的必要性和紧迫性，尽快构建并完善适合留学生特点的法律管理体系。

北京市西城区
"中华老字号"企业发展调查报告*

何　敏**

　　"中华老字号"是指"历史悠久、拥有世代传承的产品、技艺或服务，具有鲜明的中华民族传统文化背景和深厚的文化底蕴，取得社会广泛认同，形成良好信誉的品牌"。在漫长的历史演进过程中，老字号的独特技艺、文化传承和经营理念等为当地的商贸文化积累了宝贵的财富。然而，当前老字号的发展仍然面临着诸多问题。随着中国加入WTO，市场进一步开放，经济全球化不断深化，一些老字号如全聚德、同仁堂等及时抓住机遇调整经营战略，企业得到了迅速的发展；而一些老字号却不能适应经营环境的变化，面对国内新品牌的兴起和外来品牌的冲击陷入了困境。在经济全球化

　　* 本文是北京市社科联青年社科人才资助项目"影响北京西城中华老字号发展的关键因素分析"（项目编号：2013SKL026）和北京市西城区社科联"西城老字号谱系研究"资助项目的阶段性成果，发表于《当代经济》2015年第13期。
　　** 何敏，外交学院国际经济学院讲师。

大背景下，老字号企业发展近况如何？存在哪些困难和发展瓶颈？应该针对哪些关键因素入手，更好地推动老字号的发展？这些都是亟待解决的现实问题。本文以北京市西城区 57 家"中华老字号"企业为例，进行了专题调研，形成了以下调查报告。

一、"中华老字号"企业的发展现状

2006 年，商务部公布了全国首批 434 家"中华老字号"名单，其中有 67 家位于北京，37 家注册在西城区；在 2012 年商务部公布的第二批"中华老字号"名单中，北京的 38 家"中华老字号"中有 20 家在西城区。目前，西城区经商务部两批认定的"中华老字号"企业共 57 家，这些老字号的经营领域，主要涉及餐饮、医药、文化休闲等行业。

(一)"中华老字号"企业发展的基本特点

1. 历史悠久、文化深厚。西城区位于北京市中心城区西部，为皇城文化代表之地，是北京传统民俗文化、商贾文化最为发达的地区之一，保留了大批的传统老字号绝活工艺。

目前，西城 57 家"中华老字号"的平均年龄 154 岁；百年以上的"中华老字号"31 家。老字号品牌排名前十位的分别为鹤年堂、六必居、柳泉居、荣宝斋、王致和、烤肉宛、桂馨斋、天福号、砂锅居、小肠陈，均创业于 15 世纪至 17 世纪中叶，见表 1。其中，最

表 1　西城区号龄前十位中华老字号排名

序号	字号	创始时期	号龄（年）
1	鹤年堂	明永乐三年（1405 年）	610
2	六必居	明嘉靖九年（1530 年）	485
3	柳泉居	明隆庆二年（1568 年）	447
4	荣宝斋	明天聪元年（1627 年）	388
5	王致和	清康熙八年（1669 年）	346
6	烤肉宛	清康熙二十五年（1686 年）	329
7	桂馨斋	清乾隆元年（1736 年）	279
8	天福号	清乾隆三年（1738 年）	277
9	砂锅居	乾隆六年（1741 年）	274
10	小肠陈	清乾隆年间	271

年长的是药业老字号鹤年堂，创始于明永乐三年（1405 年），迄今有 610 年的历史。大部分"中华老字号"创始于清朝，见表 2。

表 2　西城区中华老字号创始的历史时期

创始时期	中华老字号企业数
明朝（1368—1644 年）	3
清朝（1644—1912 年）	30
民国（1912—1949 年）	14
解放后（1949 年以后）	10

悠久的历史为中华老字号带来丰富的文化遗产。在现有的 57 家中华老字号中，具有国家级非物质文化遗产 13 项，北京市级非物质文化遗产 9 项，西城区级非物质文化遗产 12 项。这些非物质文化遗产不仅是老字号绝世技艺的体现，同时也是一笔无形资产，提升了老字号的内在品牌价值，见表 3。

表3 西城区现有老字号企业非物质文化遗产情况

项目级别	字号	非遗项目
国家级 （13）	荣宝斋	荣宝斋木版水印技艺，古字画装裱修复技能
	全聚德	全聚德挂炉烤鸭技艺
	内联升	内联升千层底布鞋制作技艺
	张一元	张一元茉莉花制作工艺
	王致和	王致和腐乳酿造技艺
	六必居	六必居酱菜制作技艺
	鸿宾楼	鸿宾楼全羊席制作技艺
	烤肉季	牛羊肉烹制技艺，北京烤肉制作技艺
	烤肉宛	老北京烤肉制作技艺
	天福号	天福号酱肘子制作技艺
	月盛斋	月盛斋酱烧牛羊肉制作技艺
	北京地毯五厂	北京宫毯制作技艺
	鹤年堂	鹤年堂中医药养生文化
市级 （9）	戴月轩	戴月轩湖笔制作技艺
	一得阁	一得阁墨汁制作技艺
	内联升	内联升千层底布鞋制作技艺
	瑞蚨祥	瑞蚨祥中式服装手工制作技艺
	柳泉居	柳泉居京菜制作技艺
	烤肉季	老北京烤肉制作技艺
	烤肉宛	老北京烤肉制作技艺
	护国寺小吃	护国寺清真小吃制作技艺
	步瀛斋	马聚源手工制帽技艺
区级 （12）	丰泽园	丰泽园鲁菜制作技艺
	曲园	曲园酒楼湘菜制作技艺
	北京地毯五厂	北京宫廷地毯制作技艺
	仿膳	仿膳满汉全席烹制技艺
	烤肉季	烤肉季烤羊肉制作技艺

项目级别	字号	非遗项目
区级 （12）	烤肉宛	烤肉宛烤牛肉制作技艺
	鸿宾楼	鸿宾楼全羊席烹制技艺
	护国寺小吃	护国寺清真小吃制作技艺
	砂锅居	砂锅居烹制技艺
	同和居	同和居鲁菜烹制技艺
	峨嵋酒家	峨嵋酒家川菜烹制技艺
	天福号	天福号酱肉制作技艺

2. 地域分布集中、业态分布广泛。受历史形成的影响，西城区老字号品牌集聚，所处位置大多集中在繁华的商业街，位于北京前门大栅栏商业街、琉璃厂文化街和什刹海商业街的门店最为集中，它们为繁荣核心城区的商业、满足人民群众各方面的需要做出了重要贡献。其中，大栅栏街区有全聚德、张一元、月盛斋、天福号、内联升、义利、步瀛斋、瑞蚨祥、谦祥益、大观楼等；琉璃厂街区有荣宝斋、一得阁、戴月轩、清秘阁、中国书店等；什刹海商业街有爆肚冯、同和居等。

这些中华老字号行业分布广泛，几乎覆盖了与百姓日常生活密切相关的主要行业，见图 1。其中，有 23 家分布在餐饮行业，11 家食品加工类企业，7 家为商业零售类企业，3 家集中在医药行业，5 家为茶业，5 家文化休闲类，3 家为服务业。可以看出，餐饮行业的中华老字号最多，占比超过 40%。

3. 改制程度不一，隶属管理相对集中。西城区的老字号，经过解放初期社会主义改造，绝大部分实现了公私合营，逐步转变为国有企业。20 世纪 80 年代以后，区属老字号企业自上而下进行改制，

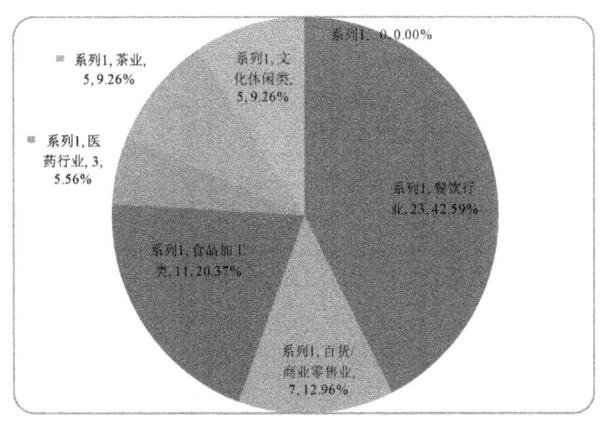

图 1　西城区老字号行业分布占比

大多成为国有资产控股、参股企业。原来老字号归口管理的委办局则转变成为集团公司，股权掌握在华天饮食、全聚德、金座投资等几家主要的公司手中，形成老字号隶属相对集中的管理格局，许多老字号企业是这些公司的二级，甚至三级子公司。但也有老字号企业彻底脱离国有资本的参与，成为个人资本控股的企业，如表4。

表 4　西城区老字号隶属情况举例

行业	字号	隶属公司	国有资本
餐饮行业	大地西餐厅	华天饮食 30.91%，全聚德 30.91%	61.82%
	又一顺	华天饮食 30.91%，全聚德 30.91%	61.82%
	玉华台	华天饮食 30.91%，全聚德 30.91%	61.82%
	鸿宾楼	聚德华天控股 79.29%	79.29%
	烤肉季	华天饮食 30.91%，全聚德 30.91%	61.82%
	西安饭庄	华天饮食 30.91%，全聚德 30.91%	61.82%
	华天延吉	华天饮食 46.11%	46.11%
	护国寺小吃	华天饮食 30.91%，全聚德 30.91%	61.82%
	曲园酒楼	华天饮食 30.91%，全聚德 30.91%	61.82%
医药行业	德寿堂	金座投资 50%	0

行业	字号	隶属公司	国有资本
百货行业	瑞蚨祥	个人资本控股（金座投资 49.6%）	0
	内联升	个人资本控股（金座 25%）	0
茶业	张一元	金正资产投资 20%	20%

（二）"中华老字号"企业的总体经营状况

在传统的计划经济体制下，由于缺乏市场竞争，因而老字号企业在通过"全行业公私合营"转为国营企业后，多数经营良好。但是随着社会主义市场经济体制的建立和发展，以及加入 WTO 之后国内市场进一步开放，西城区老字号企业面临的市场竞争日趋激烈，目前的发展状况业参差不齐。基本上可以分为三类：

1. 发展势头强劲，领先所在行业。第一个层级是一部分从原来的小作坊、单体店发展成为现代企业的中华老字号。这些企业规模大、竞争能力强，显示出良好的发展态势。如同仁堂、全聚德、西单商场等，均已申请上市，取得长足发展。全聚德于 2007 年上市，到 2012 年，营业收入已达到 19.44 亿元，利润额达到 2.16 亿元。西单商场于 1996 年上市，营业额从 2006 年的 10 亿元发展到 2012 年的 32.3 亿元，见表 5。

表 5　老字号营业额亿元以上排名　　　　（单位：万元）

老字号	2006 年营业额	2006 年利润额	行　业
菜百	153832	6622	服务业
全聚德	144991	8585	餐饮业

老字号	2006年营业额	2006年利润额	行　业
西单商场	101694	810.2	服务业
王致和	54239	639	食品加工类
新华书店总店	33279	-5444	文化休闲类
六必居	14970	380	食品加工类
天福号	10470	841	食品加工类

这些企业或为上市公司，或为隶属于国有参控股的大型商业集团，其自身或母公司实力雄厚，企业经营规范有序，成为北京乃至全国行业内的领跑企业，品牌价值逐年提升。由于调研拿到的最新数据不够完整，根据现有资料分析，这部分老字号占总数的15%—20%。

2. 发展健康平稳，速度和活力有待提高。第二个层级是一大批发展平稳的老字号企业。这些企业虽然具有一定的盈利能力以及品牌影响力，整体发展平稳，但在企业内部管理体制、管理创新、风险承受能力等方面仍然有待提高。在市场对外开放和北京宏观环境快速发展的浪潮中，这些老字号发展速度与发展活力表现较好，其规模占西城老字号的60%—70%。如鸿宾楼、烤肉宛、烤肉季、柳泉居、峨眉酒家、护国寺小吃等老字号，虽然能有稳定的经济效益，但随着消费者偏好和市场的多元化，这些中华老字号也面临着成本上升、人才难留等一系列问题。但这些问题在现阶段尚未对老字号的发展造成重大影响。除餐饮行业外，食品加工类的王致和、义利、天源等，在商业零售、文化休闲、茶业、医药行业部分老字号也属于这个层级。

3. 发展不容乐观，有的濒临危境。第三个层级是企业发展情况不容乐观的企业。这些老字号约占 20%，由于经营不善、经营场地拆迁等各种原因，个别老字号企业甚至濒临停业。如北京地毯五厂，由于市场萎缩以及人工成本提升导致的"工人荒"、经济管理不善等各方面因素，该厂连续亏损，2011—2012 年企业利润率达到 -40.8%，目前仅靠政府支持和补贴勉强维持。医药行业的德寿堂也面临困境，2012 年亏损 39 万元，营业额仅为 0.8 万元，发展前景令人担忧。

二、"中华老字号"企业发展存在的问题

从调研可以看出，"传承"和"创新"仍是老字号发展的永恒主题。总体来讲，"中华老字号"企业的发展主要存在如下问题。

（一）老字号品牌价值流失严重

老字号品牌是老字号的核心价值，是不可复制的无形资产。然而，造假者利用"老字号"或"中华老字号"的金字招牌，仿造产品牟取暴利，导致老字号的品牌形象严重受损，这一点在门槛相对较低的餐饮行业和食品加工行业尤为明显。例如，在很多地方都出现了打着老字号旗号的爆肚店，如"老满爆肚"等。这些冒牌老字号的存在，不仅使真正老字号的生意受到了影响，更为重要的是败坏了老字号的名声。它们打着老字号的旗帜哄抬物价，欺瞒消费者，又做不出老字号该有的风味，对于不了解北京特色的游客产生

了一定的误导。另外，这些冒牌老字号还存在着不尊重宗教习俗等现象，引起很多传统清真老字号和消费者的愤慨。

老字号品牌价值的流失还体现在其他一些方面：一是老字号品牌价值没有得到有效评估。因为没有相关老字号品牌评估体系，导致老字号品牌评估进入股本困难，或者在实际议价中老字号品牌价值被低估。二是老字号的品牌所有权与经营权分离。由于不实际拥有老字号品牌，使得一些改制后的民营企业或者老字号的实际经营者对老字号品牌价值提升的认识不够，维护品牌的动力不足，出现经营上的短视现象，导致品牌价值流失。三是一些老字号由于法律等相关知识的欠缺或是企业资金有限，老字号品牌注册等保护不到位。例如，在电子商务快速发展的今天，由于缺乏资金或认识不足，致使许多老字号企业域名没有注册，这将会对中华老字号企业今后的发展产生不利影响。

（二）经营机制和经营理念改革不彻底

"老企业，老机制"的现象在老字号企业中比较普遍，传统的经营模式、管理方式因循至今。虽然许多企业已经改制，但改革不彻底和经营理念落后导致老字号的发展面临很多新的问题，成为阻碍老字号企业发展的根本瓶颈。例如，老字号企业改制成为集团公司或投资运营公司下属全资子公司之后，管理层级多，体制固化，使得老字号在经营上没有自主权。由于利润上缴母公司，因而企业难有资本实现扩大再生产或尝试新的经营方式，导致老字号企业在经营决策上跟不上市场的快速变化，在人才引进上不能与市场接轨，无法实现通过投融资扩大规模提升企业生产能力，制约了老字号企业的进一步发展。此外，在改制时国有土地、老字号品牌等并没有作为股本进行评估入股，导致产权经营关系不明晰，这也为推动老字号市场化运作、引入新的资本带来困难。同时，我们还发现有许多老字号的经营理念落后。在市场环境发生变化的情况下，这些老字号依然故我。不仅在工艺、包装、机制、产品推陈出新上缺乏创新思变意识，在市场定位、质量和服务上也不能与时俱进，被新生和外来品牌抢占了很大一部分市场，前面提到的北京地毯五厂和德寿堂就是典型的例子。

(三) 人才匮乏

首先，人才构成趋于封闭，人才引进存在困难。老字号企业的管理人员，多是企业改制之前的老员工，人才构成整体学历偏低、年龄偏大，对于现代企业管理体制的学习与应用接受度较差。其次，一些非物质文化遗产技艺要学会、学精，往往需要几年甚至十几年的时间，而老字号非物质文化遗产的实际技艺传承人多是企业基层员工，且都是大专以下刚从学校毕业的学生，其行业流动性大，面对社会上一些相对简单、工资相对丰厚的工作，老字号的技艺传承、薪酬福利、企业文化、规划培训等方面都欠缺吸引力，由此造成老字号人才的引进和培养存在较大困难，这也制约了老字号企业的进一步发展。

三、"中华老字号"保护振兴的发展方向和政策建议

振兴发展老字号，无论对于老字号企业自身，还是对于弘扬优秀民族传统文化，促进经济发展，都具有重要的历史意义和现实意义。京城著名的老字号，是近代民族工业和传统商业的历史见证，不仅展现商业文化，而且也体现了宗教、教育和饮食文化，对于展现和弘扬传统文化具有重要作用；同时，也是独具魅力的巨大旅游文化资源。西城区作为北京重要的老字号品牌集聚区之一，老字号在其经济发展和城市生活中发挥了积极的作用。据统计，2010—2012年，西城区老字号企业的销售收入年均增长30.6%，高于同期北京社会消费品零售总额增幅14个百分点，为促进区域经济发展、拉动就业做出较大贡献。

近年来，西城区政府不断加大对区域老字号的扶持和保护力度，从政策方面引导老字号企业通过产品创新和营销创新，向主题化、多元化、体验化方向发展，鼓励企业走出去，开展国际化经营，把企业做大做强。西城区政府出台并实施《西城区保护和促进老字号发展若干意见》，以"做精做强一批，提升发展一批，恢复改造一批"为工作目标，从2012年开始，连续5年每年支持2000万元，营造多元化投融资环境，充分发挥行业协会的桥梁和纽带作用，形成促进老字号发展的合力。经过多年发展，西城区已经形成一批集团化运营的老字号企业，一些老字号如张一元、内联升等通过连锁经营不断发展。展望未来，西城区振兴发展老字号的工作，应该从

以下几个方面入手。

（一）有效推进传承与创新，提升老字号品牌

1. 更新发展观念，提升服务意识。老字号的发展，说到底是老字号如何与时俱进的问题。首先要解决的是观念提升的问题。一是产品设计和生产经营理念的更新和提升。要保持对新技术新理念的高度敏感和开放的态度，不断学习才能不断发展。二是对消费者需求变化和观念变化的动态掌握。人们生活和消费观念的变化，是导致其需求变化的根本原因，只有意识到这一点，企业才能长期生存和发展。三是服务意识的提高。国有制下企业的管理者和生产者固有的观念导致服务意识和理念水平低下，将逐步被社会淘汰。提高服务意识，才是老字号与时俱进最大的推动力。

2. 加大体制机制改革力度，增强企业自主发展能力。从根本上打开管理者的视野，实现经营理念的进一步更新，积极引进民营资本和市场机制，开展老字号战略投资和经营。建立完善的老字号品牌价值评估体系，量化老字号品牌无形资产价值，实现老字号品牌量化入股。通过民营资本管理、技术、资源的引入，充分发挥市场机制的作用，提升老字号企业的管理水平与发展活力。

3. 优化企业人才培训晋升机制，逐步建立企业文化。要想留住人才，首先要强化经营激励机制，逐步实现总体薪酬支出与公司收益挂钩，个人薪酬与岗位、绩效挂钩；改变逐级晋升的干部任命方式，明确管理层岗位职责，通过公开选聘等方式建立职业经理人制度，对职业经理人实现股权激励，对股权的取得、持有以及退出机

制进行规范。其次，要完善企业人才的培训晋升机制。对于不同级别和层次的员工，确定标准，开展相应的培训，逐级提升培训级别，在企业发展的同时实现员工个人的发展。再次，逐步建立企业文化。"小企业看老板，大企业看文化"，老字号要想做强做大，需要逐步建立起自身独特的企业文化，形成积极向上的工作氛围，这样才能留住人才，使人才在企业安心发展。

4. 加强老字号商标保护，加大打击"冒牌"力度。应该鼓励企业深入研究品牌培育、商标保护等品牌战略规划，积极申报"中国著名商标""中国驰名商标"，有效加强老字号企业的知识产权保护；同时，有力打击侵害中华老字号知识产权和商标商号的违法违规行为。

5. 制定激励和引导政策，有效利用现代营销手段。引导老字号企业从企业形象上与现代生活方式接轨，支持企业对 VI 系统、店铺装潢、产品形式与包装等进行改进设计，推进老字号文化表现力创新。鼓励老字号企业在营销形式、营销渠道、营销手段上开阔视野，发展网络视频、手机客户端等新媒体营销；通过话题营销、微博营销等现代营销手段，与区内外电商平台有效对接，适时在各种电商平台上建设西城老字号品牌专区；发展电子商务，设立体验化的经营环境与线上线下同步营销的经营方式。

(二) 建设老字号特色产业集聚区，推动商旅文一体化发展

1. 依托大栅栏、琉璃厂、什刹海等区域，进一步打造老字号集聚区。采取有效措施，升级现有街区公共配套设施，营造原汁原味的老字号街区场景，还原老字号街区的历史感，可以在店外设立展

位，对老字号非物质文化遗产技艺进行活态展示，形成立体化、生活化的北京生活与北京传统展示互动，充分利用非物质文化遗产丰富的特色，打造文商旅一体化街区。

2. 完善老字号集聚区管理机制。根据中央对北京城市功能的最新定位，认真研究西城区的区域核心功能，确定地区的主体产业结构，建立老字号特色产业集聚区业态准入标准和业态调整机制，保持集聚区的特色与品质。

3. 强化老字号集聚区功能。进一步明确老字号特色产业集聚区的旅游定位，按照行业特点，打造不同主题、不同消费层级的老字号旅游消费路线。依据游览消费特点，根据不同消费层级与消费属性，分层次、有主题地进行布局与建设。

4. 建设博物馆，加大老字号整体品牌形象的宣传。在馆内设立老字号宣传与信息平台，通过现代化的展览、展示手段，集中展示各老字号的品牌发展历史、商业文化以及独特技艺，为消费者提供服务。

(三) 建立健全促进老字号健康发展的协调服务机制

1. 有效发挥老字号行业组织的功能。通过老字号协会和商业联合会，建立老字号企业之间、企业与政府之间沟通与交流的桥梁和纽带。积极推动老字号企业在规范经营、创新发展、信息沟通、宣传推广、岗位培训等方面不断提升，逐步建立行业标准，促进老字号的健康发展。

2. 整合现有鼓励政策，建立老字号发展促进体系。进一步整合对文化创意产业、旅游产业、信息化、中小企业等涉及老字号企业发展的政策措施，在遵循市场化原则的前提下，促进发展与适当扶持和保护相结合，进一步推动和促进国有老字号企业的深化改革。同时，优化国有资本金预算对老字号企业的支持政策，对老字号企业的改革转制、产品创新、服务创新、营销创新、文化表现力创新、商标商号保护等项目给予专项支持。

3. 借助数字化手段，建立老字号信息支持体系。在开展"中华老字号"和"北京老字号"认定工作的基础上，依托信息化平台，建立老字号资源信息库。对全区的老字号品牌建立长效信息动态采集机制，及时更新、充实相关信息，通过长期的数据跟踪与分析，为老字号保护和发展提供基础依据。这项工作可以每3—5年普查一次，统计其生产运营情况。在此基础上，建立为老字号企业服务的网站或窗口，为老字号企业招商引资、扩大与国内外企业间的合作交流提供服务。

(四) 以文化对接为基础，引导老字号积极参与国际市场竞争

在新的经济全球化和市场进一步开放的大背景下，中华老字号作为直接参与国际市场的企业，其发展优势应集中在老字号的文化特色上。因此，振兴发展老字号，要有效发挥老字号的历史文化优势，以文化对接为基础，保护老字号企业核心技艺和文化传承，加大宣传推介力度，促进中外文化融合，扩大老字号的海外知名度。同时，推动老字号文化表现力创新，引导老字号企业自觉与现代市场经济体制接轨，学习掌握新的"游戏规则"，在竞争中拓展自己的经营活动领域，塑造传统老字号的国际新形象。

优化第三产业布局，
促进北京人口、资源与环境协调发展[*]

杨 莉[**]

一、引言

北京的发展应该明确定位在：北京是世界认识中国的窗口，代表着中国的形象，北京的发展不能只以北京是中国的首都来要求，而应该以北京属于世界的角度进行管理，北京应具备的是得到世界认可的大国首都的功能，因此疏解北京非首都功能势在必行。当前北京亟待解决的问题有六个：①交通拥挤；②城区人口密度过大；③雾霾严重；④人口素质下降；⑤没有有效带动周边地区发展；⑥第三产业布局不合理。而所有问题的产生原因和解决的途径都有相互关联的地方，都关系到北京市的人口问题，这同时也表明北京面临

* 本文是基金课题——北京市哲学社会科学规划项目"优化产业布局，促进北京人口、资源、环境协调发展研究"（11JGB081）的研究成果，发表于《商业经济研究》2015 年第20 期。

** 杨莉，外交学院国际经济学院教授。

的这些迫切需要解决的问题是伴随着人口的迅速膨胀而引起的人口的合理分布、人口的就业压力、人口素质、城市由于人口膨胀和布局不合理引起的交通压力、住房压力、居民心理和身体的亚健康人数增多等问题而产生的。

　　城市经济活动的主体是人，相关的活动有两大类，即产业活动和居民活动，分别对应这两大类的关键因素就是就业和居住。北京作为目前人口高度密集的城市，安居乐业是民生之本，人口的合理就业，合理的就业机会和渠道关系到北京的稳定、和谐与发展。而保证人口的合理就业的前提是产业布局合理。由于衡量国际化大都市的标准之一就是第三产业的规模和经济比重，第三产业的发展情况可以反映出经济结构的优化程度[①]，城市的辐射力、凝聚力和综合服务水平。近年来北京市的第三产业已超过75%，具有了相当的规模，由于第三产业中有很多产业具有成形快、转型容易、投入少、见效快，能快速带动局部区域繁荣的特点，因此可利用第三产业布局的优化带动首都功能核心区和城市功能拓展区的东城、西城、朝阳、海淀、石景山、丰台等区的人口分布、人口结构、人口素质的优化，同时促进通州、顺义、大兴、昌平、房山五个区等城市发展新区及门头沟、平谷、密云、怀柔、延庆等城郊的生态涵养发展区的发展，由此可带动整个北京城市结构的优化调整，以及通过发挥辐射作用带动北京周边地区的发展，进一步推进京津冀协同发展。也就是说探讨北京利用产业布局的优化带动整个城市结构的优化调整，促进实现首都人口与资源、环境协调发展至关重要。

---

　　① 郑思齐：《城市经济的空间结构：居住、就业及其衍生问题》，北京：清华大学出版社2012年版。

二、北京市第三产业发展状态分析

为分析北京第三产业空间优化布局的调整，首先分析第三产业发展中存在的不足。北京的城市发展随着科学发展观的提出逆转了高消耗、高污染的城市发展路线及经济增长方式，意味着北京工业化发展道路的尽头[1][2]，取而代之的第三产业在短短五六年时间里发展速度迅猛，但是目前北京市第三产业总量大、增速快的优势却无法掩盖其空间分布不均的突出问题。

（一）北京市第三产业发展的现状

近年来，北京第三产业在区域分布上呈集聚化趋势，大多集中在首都功能核心区和城市功能拓展区，且城六区内部呈现北强南弱，东强西弱的不平衡态势。呈现出下面地理特征：

①作为首都功能核心的东城、西城区第三产业高度集聚；

②作为首都城市功能拓展区的朝阳、海淀、石景山、丰台第三产业只是局部地区高度聚集化；

③作为首都的城市发展新区的通州、顺义、大兴、昌平、房山五个区和亦庄开发区，第三产业布局过于分散，规模效应差。

---

① 王秋石、李国民、王展祥：《去工业化的内涵、影响与测度指标的构建——兼议结构性去工业化和区域性去工业化》，《当代财经》2012 年第 12 期。

② 李君华：《产业集聚与布局理论——以中国制造业为例》，北京：经济科学出版社 2010 年版。

④作为首都生态涵养发展区的门头沟、平谷、怀柔、密云、延庆第三产业的发展就更为落后。

上面从北京城市地理分布上分析了第三产业的分布状态，下面以海淀区为典型代表进行北京市第三产业分布特点分析。相比于北京市的其他区，海淀区占地面积大、人口多，有高科技产业园，有顶级科研单位，有多所大学，有繁华商业区，还聚集了一定的住宅区，并且贫富差距和发展不均衡的程度较大，代表着北京发展的特征明显。近三四年来，海淀区从业人员大多集中在第三产业，在交通运输、仓储和邮政业、信息传输、计算机服务和软件业、批发和零售业、住宿和餐饮业、租赁和商务服务业、科学研究、技术服务和地质勘查业、教育这些产业的就业人数超过总从业人员的72%，且具有以下这些其他区也具备的特点：

①生活类服务业，如批发零售、餐饮住宿等行业的运营方式较为传统，运营过度依赖地理位置，缺乏高新技术的应用；

②具有长远性经济效益的生产性服务业发展相对落后。如生产类服务业中的金融业、商务服务、信息服务业等所占比例小且发展相对滞后，尤其是不处于北京繁华地带的区域更为明显；

③国际会展旅游、商务服务、物流运输和中介服务等具有带动经济拉动性和外向辐射性的行业规模较小，非集团化的运营模式不利于建立品牌效应；

④第三产业对外开放程度较低，中国企业无法进行技术转让等服务，同时外国第三产业的先进技术和经验无法顺利传导到中国企业内部，双方缺乏沟通交流的平台。

(二) 北京市第三产业发展不均衡带来的问题

由于个人、企业、政府三方面的因素，目前北京形成了一个非良性循环，人们只愿意在城内工作。产生的原因是由于郊区的工作机会没有市区好，配套条件跟不上，同时缺乏跟商务活动配套的相关设施，如酒店、会展、银行、快递等，因此企业就算搬过去也难以顺利开展商业活动，因此即使周围郊区商业用地的价格低廉、交通便利、又有很多充足的潜在就业人员，企业也不愿意把公司搬到郊区去。企业不愿意搬出城区，因为没有好的企业到郊区落户，郊区就一直发展不起来，在这种情况下，北京城的规模越摊越大，城市交通越来越拥堵。

每天早高峰期间，大量的人群从城外上地铁，然后在第三产业高度集聚化的东城、西城，或者朝阳、海淀、石景山、丰台等第三产业局部高度聚集地附近地铁站下车，进入城内上班，地铁 8 号线、5 号线、13 号线、昌平线、4 号线等都是典型的例子。原因之一是这些地方有多座可以容纳大量人数就业的大厦。这些人群中超过70%都是年轻人，其中不少是北京高校每年的毕业生。北京是国内高校聚集数量最多的城市，经过大学四年，甚至是硕士、博士阶段都是在这个城市度过，毕业生中有不少人不愿离开这个城市，但如果是专业不对口，或没有合适的岗位，部分毕业生只能是"北漂一族"，成为流动人口。若是毕业后的几年甚至是十年都是这样，当年龄超过三十岁，婚姻、家庭、个人的成长道路都要受到影响。再加上外地毕业来京学生和海归，处于这种状况的人数是年复一年在重复、积累，其影响不可低估。

另外，区县功能定位加剧了第三产业发展的不平衡。根据 2004 年北京市制定的《北京市总体规划（2004—2020 年）》城市规划，把北京市总体区域划分为四大功能区，并且每个功能区的定位不同，这种对各个区的功能定位引导和影响着其第三产业的发展。由于各功能区功能过分集中，各自发挥自己的资源优势，使产业发展具有明显的区域集聚性，并形成了一些有特色的产业集聚区或产业发展带，达到各个区在功能定位方向的有效发展。但这种高度集聚性的发展在提高各项经济指标上也许有一定的作用，可对各功能区的全面发展却是预设了限制，使得北京周边地区从政策上就失去了发展第三产业的机会，各种资源必然会从北京周边地区撤离，加剧了资源配置的不平衡，进而减缓了北京周边地区第三产业发展的进程。另外这种高度集聚化的发展，使得各个功能区的发展差异不断扩大，商业区、工业区、农业区的完全分离必定会使相应的区县走上截然不同的发展道路，由此也造成了对北京市整体发展的影响，从 2010 年开始，北京就出现了占地面积不到全市面积的 10% 的朝阳、海淀、丰台、石景山、东城、西城六区的产值占北京年总产值的四分之三强的现象，也就是说，北京的城区经济产出效率大约是郊区的 30 倍。其中产值最大的朝阳区，其一个区的产值，就相当于十个远郊区县的总产值，这同时也伴随着城区人口的高度密集，人口密度十倍于郊区的现象出现。

三、促进北京市第三产业合理布局的措施

北京第三产业分布不均导致了诸多问题，使土地成本和劳动力成本的非均衡上升制约了城市经济发展，多种功能高度集聚导致环境污染和交通问题日益严重，居民生活质量下降，亚健康人数增多。同时城市周边区域经济社会发展水平低，城乡统筹不协调，因此第三产业分布不均已成为制约北京市发展的一个重要因素，调整和优化第三产业空间分布刻不容缓。应探讨如何将第三产业向五环外及城郊区逐步扩散，扩大北京第三产业的发展空间，在促进北京的单中心的城市结构快速变为多中心结构的同时，利用辐射效应带动城郊区经济发展，进一步推动北京都市圈的形成，推进京津冀地区协同发展。

（一）市政政策制定的科学性

政府政策和法规的引导对北京市第三产业合理布局的作用非常重要。小到利用各种宣传途径产生效果、模仿丹麦鼓励骑自行车的经验、学习日本的地下自行车存放设计，大到利用北京市区县功能定位的调整、城市产业结构的调整来进行北京第三产业布局的优化调整，所有一切都会涉及市政政策和法规的科学性、合理性、可行性、一致性，且其程度直接影响到政策实施的结果。北京市已非常重视相关问题，如采取在公共政策出台之前进行多方调研，召开听

证会，网上征求意见等多项措施，但政策出台的理论论证不应只包括这些，而应该是采取科学系统的理论进行论证。由于城市产业布局、资源配置的过程实际上也是寻找就业和居住土地利用率平衡点的过程，企业和家庭中的从业者需要在城市空间中不断选择，前者的目标是利润最大化，后者的目标是效用最多化，因此，其理论研究需要涉及经济学和优化理论的相关内容。而经济的概念来自有效的资源最大的产出，即经济学的中心主题是最优地利用稀缺资源，即在约束条件下优化的研究，因此第三产业合理布局问题必须涉及优化的理念。如以城市服务设施的选址为例，公交车站的设置、地铁车站的选址、小型公园、公共健身器材等城市服务设施的选址应采用线性与非线性规划、动态规划、排队论、图论等最优化理论和方法进行探讨。数学上优化理论涉及的内容甚多，新的方法和技术不断出现，相关理论日益完善，但在经济领域的应用仍然十分有限，值得深入探讨。另外，由于前面叙述的城市服务设施涉及市政行为，而银行网点、加油站等服务设施的配套是企业行为，企业和政府思考问题的角度不同，政府要进行有效管理，相关的政策法规应具备全局观念，并且还需要考虑市政政策的效果如何，是不是能达到预期的设想？政策的执行是否需要有后续的政策支持，是否需要采用相应的软措施予以配合，等等。也就是说既要考虑市政政策的合理性、稳定性，又要考虑保证达到良好的效果，相关问题的研究需要涉及多个学科。因此探讨北京市第三产业布局的优化及调整，需要运用产业经济学和区域经济学原理，结合最优化理论，以及决策分析、多目标优化与决策、博弈论、系统工程、聚集分析等不同学科的理论和方法进行研究。

（二）寻求经济外交与总部经济相关活动的具体结合点

广义的理解认为总部经济是指经济与非经济的、官方与非官方的带有总部性质或总部派出性质的各种机构和组织相对集聚所产生的社会经济活动的统称。这些机构包括政治、文化、教育、科研组织，也包括生产研发、营销、管理等各种经济组织。

目前，北京市已经成为众多大型企业总部的聚集地，已有上万家外国及港澳企业驻京代表机构，并有众多居于国内行业领先地位的本土大型企业入驻。应探讨如何通过公司总部为知识、技术密集型的企业组织单元，利用总部经济，有效回避城市土地资源稀缺、水资源短缺劣势，并通过总部的聚集，形成强大的生产性服务需求，带动金融、法律、会计、信息等现代服务业的发展，提升服务业水平，促进北京市产业结构优化升级，由此促进北京产业布局和调整等方面的良性发展。

在当今国际交往中，经济利益成为国家利益中最主要的组成部分，经济上的联系和交往，已经成为各国之间最主要的交往和联系方式。与此同时，经济全球化的趋势，使各国的经济很大程度上依赖于地区经济和世界经济的稳定、协调与发展，而经济外交正是各国追求上述目标的重要手段，越来越受到各国的重视。经济外交的主体可以是国家，也可以是国际组织。经济外交的主体不同，其活动的目标也就不同。

探讨利用北京独有的特点，通过总部经济与经济外交相融，来应对北京在迈向全球认可的世界城市发展过程中所面临的问题及挑战。通过寻求经济外交与总部经济相关活动的具体结合点，即探讨如何利用经济外交与总部经济相结合的具体活动，促进北京在更广领域、更大范围、更高层次参与国际合作与竞争，提高北京对全球的经济、政治、文化等方面的影响力。

（三）FDI 的支持

在经济全球化的今天，对于对外开放程度不断加深的北京市来说，合理利用国际资本发展区域经济、实现战略布局目标是一种重要途径。FDI 作为国际资本流动的重要形式，在过去几十年里为北京市的经济发展做出了重要贡献。近年来，在北京市三大产业中，第三产业是吸收 FDI 最多的产业，全市近九成的 FDI 投入在第三产业[①]，比重远远高于第一、第二产业，其中第一产业吸收外资比重最小，仅不到一成。从 FDI 的城市空间分布来看，城市功能拓展区成为吸收 FDI 的最主要区域，吸引外资比重高达六成，同时首都功能核心区不再是外资投入的主要区域，而城市发展新区有较大的吸收外资的潜力，生态涵养发展区仍是外资投入很少的区域。

产业集聚作为区域产业发展的重要特征[②]，不仅大大推动了区域经济发展，也已成为影响 FDI 区位选择的重要因素。短期内 FDI 与产业集聚存在单向因果关系，在长期两者则存在互相促进的相关关系。由于 FDI 示范效应、基础设施情况、产业集聚水平、劳动成本是影响 FDI 进行区位选择的重要因素，而市场需求因素、知识创

---

①　《北京统计年鉴 2013（2014）》，北京市统计局，http://www.bjstats.gov.cn/nj/。

②　王佳慧、王志锋：《外商直接投资的产业聚集效应的实证分析——以北京市第三产业为例》，《城市发展研究》2010 年第 4 期。

新因素、对外开放程度并不对 FDI 区位选择产生显著的影响。因此北京市应充分利用 FDI 与产业集聚之间的互动效应，兼顾产业政策和外资政策，根据新的战略发展要求，用战略发展指导产业集聚的形成，在此基础上追求产业结构升级和产业布局优化。即应该面对新的经济发展趋势，思考北京市新的利用 FDI 策略具有一定的实际意义。

（四）通过区位优势的结合，促进功能单一区域的繁荣

利用第三产业的合理布局，把部分职能单一的卧城、大学城、金融区、科技产业区，通过区位优势的结合，发展成为在都市圈层次上自立化的次中心或亚中心，或者仅仅发展成一个区的次中心或亚中心，如借助金融区、大学城已有的特性进行功能性补充发展。尤其应重视功能单一的卧城和相应的外围产业园的建设相联系，把城市中心区功能向外疏导。试想如果将二、三环内第三产业聚集密度大的区域内的具有容纳大量就业人数的大厦，让其功能移到集聚了大量住宅区的卧城或周围，促使人们在卧城周围地区活动，可减少人们在上班早高峰期间从城外向城内方向的活动，这将有助于改善北京市区的交通状况。

北京产业园的分布不少是集中在北京市的五环到六环之间，尤其是北京东南方向，通州和大兴靠近北京城区的部分集中了大量的工业园区，这些工业区大部分分布在交通方便的地区，比如一些主干道的周围。从企业的角度来说，北京城区周边交通不可谓不方便，但交通在这里已经不是决定性因素，地区形象和周边配套设施

以及产业环境等才是主导的力量。应利用便利的交通，将产业园与住宅区，尤其是卧城联合起来进行发展，形成一个局部由中心辐射周围的模式。

当然，要做到这些，仅仅依靠市场力量是远远不够的，因为郊区相对于城区优势太弱，因此需要政府干预。要把一个郊区发展起来使其对就业人员的吸引力跟城区相当，就需要发展一些一流的大企业来提升当地形象。可以由政府出资建立一些地标性建筑，建立一些综合购物中心，同时建立配套的中小学教育机构、医疗设施，再邀请房地产企业过来修建高质量的写字楼、宾馆酒店等。并以这种一流企业为龙头，针对该行业进行招商引资，不仅只有该产业生产部门，还应包括整个产业链的上下游企业，提升郊区的产业氛围。把郊区打造成一个交通方便、形象优良，有商务配套设施、有产业氛围的地区，这样才能把有实力的第三产业的企业吸引并留在郊区，这些企业的存在能改善当地就业条件、薪金条件，再加上比较完善的配套设施和便宜的生活环境，以及较低的生活成本，人们尤其是作为北漂的年轻人自然愿意到郊区工作生活。

另外大学城能带动周边的科技能力的发展和高科技企业的快速成长，中关村的发展形成与地处北大、清华附近有密切的关系，繁华的学院路的形成与多所大学云集在这条路上有关，中关村和学院路的发展过程有很多经验可以推广。但发展历史已超过十年的昌平大学城没有出现类似情行，良乡大学城、廊坊大学城、沙河大学城也难现辉煌，究其原因，是人们只是把这些地方当作几个小时的上班场所，仅仅做的是上班去城外，下班回城里。而更深层的原因是这些大学城附近的中小学及幼儿教育、医疗、商业、娱乐等设施跟不上，而这些设施的构建和完善光靠市场自我调节的力量是不够的，政府应引导快速发展相应的第三产业辅助支撑，如建立配套的、公众认可的中小学教育机构、医疗设施、商务配套设施。

四、结束语

北京市的城市规模、人口增长按目前的态势发展，会给这个资源稀缺型城市带来巨大的压力，因此针对疏解北京非首都功能、推进京津冀协同发展，进一步促进北京人口与资源、环境协调发展进行的研究应该引起足够的重视。就业是民生之本，产业布局合理是居民就业的保证，北京市的很多城市问题产生的原因与产业布局不合理有关，因此对北京第三产业的合理优化调整是重中之重。第三产业布局的合理优化指的是实现北京市整体综合经济发展的最优，而不是局部区域利益的最优，必须统筹兼顾，全面考虑。因此衡量北京第三产业合理优化布局的研究是涉及一个复杂的开放式网络巨系统，应采用系统工程的理论和方法，同时利用产业经济学、区域经济学、决策学、博弈论、优化理论对这个复杂的巨系统进行深入研究。

北京在发展成为世界认可、代表着中国发展进程形象的国际化大城市的过程中，应在市民安居乐业的同时，必须重视市民素质的提高、城市治安的良好、城市形象的维护、普通市民日常涉外交往中诚信度的保证，以达到更好提高北京在世界上知名度、吸引力和亲和力，在更高层次上参与国际竞争。

略论民国时期北京使馆区的历史变迁*

李潜虞**

引言

使馆作为一种外交制度发源于西方，并为国际社会所普遍接受。但外国驻华使馆在近代中国却具有特殊性，它曾是清廷与列强矛盾的焦点。第二次鸦片战争期间，西方列强通过战争手段才迫使清政府接受了这一制度。① 在义和团运动期间，位于东交民巷的各国驻华使馆遭到义和团和清军的攻打。1901 年，清政府被迫与 11 个西方国家签订了《辛丑条约》，条约第七款规定："大清国国家允

---

* 本文为北京市社会科学界联合会青年社科人才资助项目"北京市外国驻华使馆的历史与现状"（编号：2011SKL023）和北京市哲学社会科学规划办青年项目"北京市外国驻华使馆的历史与现状"（编号：12KDC037）的阶段性成果，批准日期：2012 年 8 月 20 日。本文发表于《近现代国际关系史研究》第七辑，北京：世界知识出版社 2015 年版。

** 李潜虞，外交学院外交学与外事管理系副教授。

① 关于外国驻华使馆建立的情况可参考吴国仪、丁宁《略论十九世纪中叶列强驻京使馆的建立》，《外交学院学报》1985 年第 2 期；张历历《关于清末英国驻华使馆建立的几个问题》，《历史教学》1987 年第 4 期；李潜虞《试论外国驻华使节制度的建立——兼论华夷体系思想的衰落》，《社会科学战线》2013 年第 2 期。

定，各使馆境界，以为专与住用之处，并独由使馆管理，中国民人，概不准在界内居住，亦可自行防守……中国国家应允，诸国分应自主，常留兵队，分保使馆。"条约的附件十四还明确划定了使馆区的范围。[1] 从此，北京使馆区成为一个不受中国政府管辖的"国中之国"。

以往有关北京使馆区的研究多集中于晚清时期，对于进入民国之后北京使馆区经历了怎样的变化国内学术界却鲜有研究。而早在20世纪二三十年代，一些外国学者就已经注意到了北京使馆区的特殊性，并进行了初步的研究，其中比较重要的学术成果包括苏联列宁格勒大学法学教授派格蒙特1927年出版的专著《北平使馆区的法律性质》，以及燕京大学政治系博士生罗伯特·摩尔·杜坎于1933年出版的专著《北平市与使馆区》。[2] 这两部著作对本文有较为重要的借鉴意义，但它们的研究仍然不够全面。本文将主要依据北京市档案馆馆藏档案，并结合已公开出版的史料，对民国时期北京使馆区的历史变迁进行系统的梳理，从而弥补以往研究的不足。

第一阶段（1911—1941）

民国建立后，《辛丑条约》继续有效。到1912年，有12个国家

---

① 王铁崖编：《中外旧约章汇编》第一册，北京：生活·读书·新知三联书店1957年版，第1006、1017—1018页。

② M. J. Pergament, *The Diplomatic Quarter in Peking-Its Juristic Nature*, Peking: China Booksellers Ltd, 1927; Robert More Duncan, *Peiping Municipality and the Diplomatic Quarter*, Department of Political Science, Yenching University（Peiping: Peiyang Press Ltd, 1933）.

在东交民巷使馆区建立了使馆。使馆区的管理由《辛丑条约》缔约国驻华使节开会来商定。然而从 1901 年到 1911 年的十年间，并不存在对整个使馆区的统一管理。当时，整个使馆区分为东区、西区和英国使馆区三个部分，每个部分都有自己的警察力量，而这些警察管理公共事务的方式也不尽相同，如在东区警察可以进行罚款，而在西区和英国使馆区警察无权这样做。这种管理上的无章可循和行动上的缺乏一致性造成了许多困扰，列强认为有必要在使馆区实行统一管理。各国驻华使节于 1911 年 5 月 27 日召开会议，首次讨论对使馆区实行统一管理的问题。经过多次争论之后，各国驻华使馆终于在 1912 年制定了对使馆区进行统一管理的相关章程。然而，由于各国使馆的行动必须获得本国政府的授权，直到 1913 年 8 月 21日，各国政府的授权才全部到位。于是，各国使馆决定自 1914 年 1月 1 日起开始对北京使馆区实行统一的管理。①

这种统一管理的具体表现就是成立了管理使馆界事务公署（The Administrative Commission of the Diplomatic Quarter，以下简称公署）。公署由五名代表组成，其中三人由《辛丑条约》缔约国驻华使馆馆长（即驻华使节）中指定，而另外两人由使馆区的居民选举产生。这五名代表任期一年，可连选连任。三名代表是公署召开会议的法定人数，公署的行动通过投票的方式以简单多数决定。公署主席必须由《辛丑条约》缔约国驻华使馆馆长指定的三名代表中产生，其负责投票表决的工作。公署的一切行动必须受到《辛丑条约》缔约国驻华使馆馆长的控制和认可。如果由居民选举产生的代表认为公署通过多数票所决定采取的行动损害了选民的利益，可以

---

① M. J. Pergament, *The Diplomatic Quarter in Peking-Its Juristic Nature*, pp. 47–48.

向《辛丑条约》缔约国驻华使馆馆长提出申诉，这种申诉具有暂时终止行动的效力。公署还可以任命一名财务官员和一些负责道路、警察事务的官员。财务官员不能从公署的 5 名代表中产生，但可以参加公署代表会议以提供咨询意见。公署有权雇用和任命一些人员从事警察和道路维护等方面的工作，也有权解雇他们。最为重要的是，公署设立一个常任秘书办公室，并指定一名官员担任常任秘书（中方档案称提调），常任秘书也不能从公署的 5 名代表中产生。这名常任秘书就成为北京使馆区日常事务的实际管理者。英国人多默思（W. P. Thomas）自 1914 年至 1938 年长期担任这一职务。公署主席和常任秘书实际上是北京使馆区这个"国中之国"的"行政首脑"。①

公署对使馆区的管理工作包括财政管理、警务管理、基础设施建设与维护等几个方面。使馆区有自己的财政收入，这些收入主要来自使馆区内的土地使用税、商业证照税和不动产转让税等。这些收入主要用于道路的修建与维护、警务工作、公共卫生等方面。公署雇用了 70 名中国人担任警察（中方档案称巡捕）。他们的主要职责是指挥道路交通，同时担负维护使馆区秩序的任务。然而对于使馆区内违反交通规则的外国人，这些警察无权管理，最终的处理结果仍由各国驻华使馆决定。而对于在破坏使馆区秩序乃至犯罪的中国人，这些警察有权将其逮捕，并将其移交给北京市的警察部门。②不难看出，公署是一个按照西方国家的政治运作模式设立的行政机构，这一机构的建立更增强了使馆区独立于中国主权之外的性质。

---

① Robert More Duncan, *Peiping Municipality and the Diplomatic Quarter*, pp. 104–107.

② Ibid.

还有必要指出的是，公署虽然负责使馆区的管理，但是很多工作它都需要北京地方当局的配合，如淘挖明沟、追捕窃贼等。

对于使馆区成立这样一个类似于政府的机构，北京政府立刻予以承认并表示欢迎。1914年1月16日，北京政府外交部致函内务部通报了公署成立的消息以及人员构成的情况。外交部在函中明确指出："若将来凡使馆界内事务由该署与警厅及北京市地方官直接来往，则与速办事件殊有裨益。兹各国大臣嘱代为陈明，应请转行地方官一体知照。"内务部接函后立刻将此函作为命令下达给京师警察厅。京师警察厅又将此情况通知了各区警队。京师警察厅行政处还于2月26日通知了司法处。[①] 实际上，由于第一次世界大战的爆发，《辛丑条约》缔约国分属敌对的两方，而中国又参加协约国对德、奥宣战。公署从1919年才开始真正管理使馆区。也就是说在北京政府承认公署的时候，公署实际上还没有开始运作。北京政府之所以这样"着急"地承认公署，其根本原因是袁世凯为了获得列强对中华民国的承认，采取了承认一切不平等条约的政策。早在1912年，日本就提出"列强承认新政府时，须得到承认一切权利利益及特权之保证"，[②] 日本的主张得到了俄、英、法、德等国的赞同。袁世凯在1913年10月10日就任总统的就职演说中明确承诺："所有前清政府及中华民国临时政府与各外国政府所订条约协约公约，必应恪守。"[③] 而这里所说的条约自然包括《辛丑条约》在内。

---

① 《京师警察厅行政处公函》（1914年2月26日），北京市档案馆藏，档号：J181-018-03488，第1—5页。

② 石源华：《中华民国外交史》，上海：上海人民出版社1993年版，第27页。

③ 程道德等编：《中华民国外交史资料选编·一》一九一一——一九一九，北京：北京大学出版社1988年版，第5页。

10月6日，袁世凯就已经将演说中这一关键内容秘密通报给了列强，列强才于当日承认了中华民国。3个月后，公署成立，北京政府立刻予以承认并采取积极合作的态度也就不难理解了。

公署成立后，中国政府不仅更加无权过问使馆区内的事务，而且公署下属的巡捕甚至越过使馆区界线，干扰破坏中国政府工作人员执行公务。1926年9月24日，使馆区内的巡捕逮捕了京师卷烟吸户捐总局的调查人员么文华。次日，由公署将其转交给京师警察厅内左一区警署处理。公署在解送么文华的公文中表示逮捕他的原因是"擅入保卫界内，揪扭某甲，欲行带回捐局"。[①] 而实际情况是，有两辆洋车载有卷烟两箱从火车站至东交民巷西口外户部街。么文华上前盘查，而使馆区内协和烟草公司的外国人伙同使馆区内巡捕将么文华拖入使馆区拘押。京师卷烟吸户捐总局据此情况于9月27日和10月1日两次致函京师警察厅，指出盘查没有凭证的卷烟是工作人员的职责，要求警察厅向公署进行交涉，"若不从严向其交涉，将来捐务何由起色"。[②] 然而，京师警察厅总监李寿金最后仍然采信了公署对案件的描述，并表示"么文华对于职务上发生错误，非寻常疏忽可比，应予革除，免滋事端"。[③] 此时正是段祺瑞政府倒台，北京只有摄政内阁，没有元首的动荡时期。而发生事件的这几天，摄行大总统职权的摄政内阁连总理都没有，北京政府处于

①《抄录管理使馆界事务公署函》（1926年9月25日），北京市档案馆藏，档号：J181-019-49425，第9页。

②《京师合办城郊卷烟吸户捐承办总局致京师警察厅司法处的函》（1926年9月27日）、《京师合办城郊卷烟吸户捐承办总局总办李祖夔致警察总监的函》（1926年10月1日），北京市档案馆藏，档号：J181-019-49425，第11—12、17—19页。

③《京师警察厅训令》（1926年10月1日），北京市档案馆藏，档号：J181-019-49425，第23页。

风雨飘摇之中。内有政局的动荡，外有不平等条约的束缚，这使得
政府公务人员的工作无法得到保障。

从 1926 年下半年，奉系军阀逐渐控制了北京政府的实权，奉系
军阀在对外政策上带有明显的反苏倾向。1927 年 4 月，发生了著名
的搜查苏联驻华大使馆的事件，而这一事件并不表明北京政府已经
收回了使馆区。实际上，奉系军阀的行动得到了西方列强的认可。
关于搜查苏联使馆的具体行动方式，奉系军阀已经事先与荷兰驻华
公使欧登科商定。4 月 6 日，京师警察厅总监陈兴亚奉命率军警 300
余人至使馆区，并备一纸公文，内称使馆界远东银行、中东铁路办
事处、庚款委员会等处，有党人暴动机关，事机迫切，立即搜查，
请予准可等，经荷兰驻华公使签署后，即进入苏联驻华大使馆区搜
查，拘捕苏联使馆工作人员 15 人，逮捕李大钊等革命党人 30 余人，
劫走大量文件。① 然而，西方国家虽然乐见奉系军阀的反苏行动，
但它们绝不会放弃在北京使馆区的特权。事件发生后仅 3 个月，列
强驻华使馆就不能再容忍使馆区内有中国警察出现。7 月 26 日，外
交部致函京师警察厅。函中谈到荷兰驻华公使欧登科称京师警察厅
现在派侦探到使馆区访查，欧登科受各国公使的委托，要求京师警
察厅立即将所派侦探撤回。② 7 月 29 日，京师警察厅总监陈兴亚不
得不命令侦缉处查明有无此事回报。③ 7 月 30 日，侦缉处复文表示

---

① 石源华：《中华民国外交史》，第 27 页。

② 《外交部公函（年安字第二一七号）》（1927 年 7 月 26 日），北京市档案馆藏，档
号：J181-018-21066，第 8—9 页。

③ 《京师警察厅训令》（1927 年 7 月 29 日），北京市档案馆藏，档号：J181-018-
21066，第 12—13 页。

"职处暨所属各队并无派探赴使馆界内访查情形"。① 这都表明西方国家准许军警进入使馆区只是出于反苏的需要，而并不想改变使馆区"国中之国"的特殊法律地位。

1927 年 4 月，南京国民政府成立，并积极开展修约外交。1928年 2 月 21 日，南京国民政府外交部长黄郛发表对外宣言，表示"中国之国际关系，久为不平等条约所束缚"，希望"与各国厘正不平等各约，期获得中国在国际上应有之平等地位"。② 1928 年 6 月初，北伐军进占北京和天津，南京国民政府认为统一已经基本完成。6月 15 日，南京国民政府再次发表对外宣言，表示"中国八十余年间，备受不平等条约之束缚，既与国际相互尊重主权之原则相违背，亦为独立国家所不许"，"今当中国统一告成之会，应进一步而遵正当之手续，实行重订新约，以副完成平等及相互尊重主权之宗旨"。③ 7 月 7 日，南京国民政府再次发表关于重订条约的宣言，提出修改不平等条约的三种方法。应该说此时南京国民政府的对外政策仍然保持了一定的反帝色彩。

在修约外交的大背景下，北平市政府曾一度准备收回北京使馆区，但计划最终胎死腹中。国民政府定都南京后，各国使馆相继迁往南京，但东交民巷仍为各国所控制。1929 年 1 月，使馆区附近再次发生巡捕为非作歹的事件。1 月 22 日晚 6 时余，国民革命军第八路总指挥部军官纪幕天乘洋车经过东交民巷西口，突然被使馆区内

① 《侦缉处处长吴郁文致京师警察厅总监陈兴亚的呈文》（1927 年 7 月 30 日），北京市档案馆藏，档号：J181-018-21066，第 4 页。

② 程道德等编：《中华民国外交史资料选编·二》一九一九——一九三一，北京：北京大学出版社 1985 年版，第 412 页。

③ 同上，第 414 页。

巡捕阻拦。巡捕表示此处是租界，不允许中国军人进入。纪幕天当即表示，是车夫误走，不是有意强行进入使馆区。但他也指出使馆区不是租界，不许中国军人进入或许别有用意，随后就命车夫离开。巡捕追上前去，殴打纪幕天，并将他拖入使馆区内的巡捕房。纪幕天表明了自己军官的身份后才被释放。第二天，纪幕天致信北平市市长何其巩。他写道："非帝国主义者霸占东交民巷，于平日豢养若辈，遇事奋勇要功，彼不至忘掉祖国国耻。况我此次受辱，非私人之辱，实国体之辱。辱及私人，不过沧海一粟也。若辱及国家，诚足痛心疾首，顿足大哭也。"他要求北平市政府"责诘东交民巷当局澈查行凶巡捕，严绳以法"。① 与此同时，公署正要求北平市政府支付根据列强与清政府达成的协议应由中国政府支付的使馆区修路的款项，北平市政府于是草拟了《筹拟收回使馆界行政权案》。这份文件草案明确指出"首都南迁，北平状况迥异曩昔，就使团自身地位而论，固当随同首都南移，不应在平设馆，即就国际间相互平等原则而论，亦不能根据旧日最不平等之条约设此特殊区域，破坏市政统一"，"现值中央政府与各国修订新约之时，对于北平使馆界行政权似应早日收归市政，以期根本解决"。文件提出致函外交部分别进行交涉。文件表示，虽然"中央交涉结局未可预定"，但"该界内之治安、道路、交通、卫生等行政亦宜筹备办法，一面备政府之参考，一面作收回之准绳"。②

　　然而，以美、英为首的西方国家很快就成为南京国民政府在外

---

① 《纪幕天致北平特别市市长何其巩的信》（1929年1月23日），北京市档案馆藏，档号：J001-007-00013，第6—14页。

② 《筹拟收回使馆界行政权案》（档案原件具体日期不详，应在1929年1月底前后），北京市档案馆藏，档号：J001-007-00013，第4—5页。

交上的主要依靠力量，收回北京使馆区的动议也就不了了之了。仅仅在纪幕天被打 4 个月后，北平市政府对使馆区的态度就发生了明显的变化。1929 年春，卷烟税局职员在北平扣留了瑞典驻华代办的香烟。该代办要求南京国民政府外交部转告北平市政府，以后如有类似事件发生，警察应负切实保护的责任。外交部致函北平市政府，表示"嗣后对于各使馆职员应予以相当礼貌，以符国际定例"。北平市政府以训令的形式将外交部的函转给北平市公安局。北平市公安局于 5 月 20 日命令下属各警署都要按照外交部的要求，"对于使馆人员予以相当敬礼"，还特别命令内一区警署"查明当时情形，具文呈复"。① 这样，北平市政府与使馆区的关系又回到了北京政府统治时期的状况。

"九一八"事变爆发后，日本不仅很快占领了东北全境，而且开始向华北地区渗透势力，策动"华北五省自治"。南京国民政府不得不采取措施应对日本的步步进逼。南京国民政府防范日本侵略的政策在北京使馆区也有所体现。1934 年 10 月，南京国民政府外交部密函北平市政府："各国使馆不应附设警察，驻京日本总领事馆从未公然用及警察名称，但云馆员。我方对彼方无论文书谈话均应力避承认其附设警察之嫌。事关主权，务请饬属切加注意。" 10月 29 日，北平市政府市长袁良密令公安局："查日本使馆附设警察，此种恶例由来已久，应从事实上设法纠正。……密饬所属，随时注意，逐渐设法纠正，以维主权为要！"② 自 1901 年以来，使馆

---

① 《北平特别市公安局训令（第五五五号）》（1929 年 5 月 20 日），北京市档案馆藏，档号：J184-002-30159，第 4—5 页。

② 《北平市政府密令（第八一一号）》（1934 年 10 月 29 日），北京市档案馆藏，档号：J181-020-18931，第 3—4 页。

区不仅设有警察，列强驻京使馆还有军队保护，这种情况确实是"由来已久"。不收回使馆区，是不能彻底解决问题的。而南京国民政府此时根本无法做到这一点，外交部和北平市的命令也只是防范日本使馆利用使馆区特殊的法律地位进一步在华北扩大侵略而已。

1937 年，"卢沟桥事变"爆发后，日军占领北京。日本特务机关先是通过北洋遗老江朝宗等人成立了傀儡机构"北平治安维持会"，同年 12 月 14 日，日本又扶植建立了伪中华民国临时政府。然而这一切并没有改变北京使馆区原有的状况。例如，在使馆区营业的人力车必须向管理使馆界事务公署领取号牌，并缴纳捐税。1937 年 9 月，有三名车夫未纳捐税。10 月 31 日，公署常任秘书多默思将车夫姓名、车牌号码、铺保名称地址等通知了当时的伪北京市政府警察局，要求警察局向铺保追缴车牌。11 月 2 日，伪北京市政府警察局向有关警署下达命令，要求追缴车牌。11 月 8 日、11 日，东郊区警署和外三区警署分别向伪北京市政府警察局汇报了追缴情况，并把查获的一面车牌交还给了公署。① 以上情况说明，"卢沟桥事变"之后，公署仍然继续对北京使馆区进行管理，而北京地区的伪政权对管理工作均给予了配合。

综上所述，进入民国后，《辛丑条约》继续有效。列强驻京使馆为了便于对使馆区进行管理，成立了管理使馆界事务公署。北京政府、南京国民政府和华北傀儡政权都承认这种状况。使馆区"国中之国"的法律地位与晚清时期一般无二。北京政府和南京国民政

---

① 《管理使馆界事务公署的函》(1937 年 10 月 31 日)、《北京市警察局训令》(1937 年 11 月 2 日)、《东郊区警署署长杨福祥给北京市警察局局长的呈文》(1937 年 11 月 8 日)、《外三区警署署长李钟麟给北京市警察局局长的呈文》(1937 年 11 月 11 日)，北京市档案馆藏，档号：J181-022-01159，第 3—15 页。

府的一些重要外交政策在北京使馆区也有所反映。

第二阶段（1941—1945）

在太平洋战争爆发前夕，北京市使馆区已经发生了不祥的变化。1940 年 11 月 30 日，汪伪政权、伪满洲国和日本发表了《日"满"华共同宣言》，表示"三国要互为善邻、紧密提携"。[①] 伪满洲国驻汪伪政权的"外交代表"于 1941 年 10 月间表示除在南京开设大使馆外，伪满洲国还要在北京开设大使馆，在天津和济南开设领事馆。1941 年 12 月 4 日，伪北京市警察局局长余晋和发布训令，表示按照伪华北政务委员会[②]的命令，准许在北京开设伪满洲国大使馆。[③] 而这时距珍珠港事件爆发只有几天时间了。

12 月 7 日，日军偷袭珍珠港，12 月 8 日，日军就控制北京使馆区。位于东交民巷的上海银行驻北平办事处在给总部的电报中详细描述了日军进占使馆区的情况。电报说：12 月 8 日 "日方军部即对英美两使馆及其系统团体学校等执行接收。敝处因毗邻东交民巷，首当特别防卫界要冲，交通完全隔绝"。[④] 日军进占使馆区之后，又

---

① 复旦大学历史系中国近代史教研组编：《中国近代对外关系史资料选辑（1840—1949）》下卷第二分册，上海：上海人民出版社 1977 年版，第 127 页。

② 汪伪政权成立后，原华北地区的伪中华民国临时政府并入汪伪政权，并改称华北政务委员会。

③ 《北京特别市公署警察局训令（第 7590 号）》（1941 年 12 月 4 日），北京市档案馆藏，档号：J181-022-12764，第 3—4 页。

④ 《上海银行驻平办事处致总部的电报》（1941 年 12 月 9 日），北京市档案馆藏，档号：J051-001-00021，第 4 页。

完全控制了管理使馆界事务公署。在 1942 年 4 月 22 日公署发出的一份公函中可以看到，一名名叫藤井又一的日本人担任了公署署长。公署原来的英文印鉴也改成了日文的印鉴。①

1943 年，日本东条英机内阁开始实行所谓的对华新政策，其中包括所谓"交还租界""撤废治外法权"等内容。1943 年 1 月 9 日，汪伪政权向英、美"宣战"，同一天，日、汪还签订了《关于交还租界及撤废治外法权之协定》（以下简称《协定》）。《协定》第五条规定："日本国政府应承认中华民国迅速收回北京公使馆区域行政。"② 同年 3 月 22 日，日本又与汪伪政权在南京签订了《关于收回北京使馆界之实施细目》（以下简称《细目》），《细目》规定"承认中华民国于本年 3 月 30 日收回使馆界行政权"。就在 3 月 30 日当天，伪北京市市长刘玉书照会日本政府，表示对日本政府的行动"至为感佩"。北京使馆区还有一些空余土地被称为"隙地"，刘玉书在照会中表示，将依据日本与汪伪政权达成的协议，按照符合日本利益的方式来使用这些"隙地"。③ 当天，伪北京市政府还制定了《北京使馆区隙地使用方法》，其中第一条就是"为纪念中国参战及大东亚建设，与德国方面交涉，利用旧奥国兵营旧址东北一角，建设纪念碑，使之为本隙地之中心"。这个办法还规定划出一块土地由伪北京市公署使用，而"实际上则充为日本军使用，日本军以外人员，暂时使用时，应联络日本军后，由市公署许可之"。

---

① 《管理使馆界事务公署的函》（1942 年 4 月 22 日），北京市档案馆藏，档号：J017-001-02597，第 4 页。

② 复旦大学历史系中国近代史教研组编：《中国近代对外关系史资料选辑（1840—1949）》下卷第二分册，第 197 页。

③ 《觉书》（1943 年 3 月 30 日），北京市档案馆藏，档号：J001-002-00753，第 13 页。

办法还规定，从前门至崇文门的城墙"暂由日本军使用"。① 以上表明，日本虽然名义上将北京使馆区的行政权"交还"中国，但实际上使馆区仍被日本军队所控制，当时北京地方当局针对使馆区所采取的行动都是为日本侵略军的利益服务的。

除此之外，伪北京市教育局还要求北京的中学生到使馆区去参加种植花木的活动。1944 年 7 月，伪北京市教育局在训令中表示"吾国自参战以来，迭蒙盟邦协助，各地租界次第返还，本市东交民巷之使馆界亦早收回。兹为垂久纪念起见，爰于旧使馆界四周辟为花园。……查勤劳奉公为学生之天职，暑假期间藉之锻炼体格，更富有意义"。训令明确规定了从 7 月 12 日至 27 日，每天到使馆区参加劳动的学校名称和学生人数。在此期间，有 27 所中学的 2100 名中学生到使馆区进行了所谓的"勤劳奉公"。②

通过以上材料可以看出，日本借对英、美等国宣战之机控制了北京使馆区，而日本所谓"交还"使馆区在日本侵略中国的大背景下是一纸空文。掌握使馆区命运的仍然是日本侵略者，北京地方傀儡政权针对使馆区的行动都是围绕服务日本侵略军利益而展开的。

第三阶段（1945—1949）

抗日战争后期，中国参加反法西斯同盟，中国的国际地位有了

---

① 《北京使馆区域隙地使用方法》（1943 年 3 月 30 日），北京市档案馆藏，档号：J001-002-00753，第 17—18 页。

② 《北京特别市政府教育局训令》（1944 年 7 月），北京市档案馆藏，档号：J004-002-01302，第 4—5 页。

显著提高。1943年1月，重庆国民政府与美国和英国签订了关于取消外国在华治外法权及收回租界和使馆区的新约。以中美新约为例，条约规定："美利坚合众国政府愿协助中华民国政府与其他有关政府成立必要之协定，将北平使馆界之行政与管理，连同使馆界之一切官有资产与官有义务移交于中华民国政府。并相互了解中华民国政府于接收使馆界行政与管理时，应厘定办法担任并履行使馆界之官有义务及债务，并承认及保护该界内之一切合法权利。"条约同时规定："在北平使馆界内已划与美利坚合众国政府之土地，其上建有属于美利坚合众国政府之房屋，中华民国政府允许美利坚合众国政府为公务上之目的有继续使用之权。"[①]

抗战胜利后，1945年11月24日，国民党政府行政院公布了《接收租界及北平使馆界办法》。12月14日，北平市政府以训令的方式向市属各机关转发了这一办法，该办法规定主管机关接收各租界或北平使馆界时，应将公有资产区分为三类：一、原为租界或北平使馆界为公有者；二、原为同盟国或中立国之政府所有者；三、原为敌国政府所有者。对于第一类资产，应点明清册，对照物品之数量及其状况先行接管。其债权债务关系留待清理委员会清理。对于第二类资产，应予证明属实后准其继续保有。对于第三类资产，应由主管市政府接管，缮造清册，呈报行政院核办。凡属于敌国使馆之财产，应由外交部派员会同市政府接收。办法还特别规定：北平使馆界内同盟国原有之使馆土地及房屋应按中美、中英等新约规定，准其继续使用，由各邦国政府派员接收。办法还指出：各租界

---

① 王铁崖编：《中外旧约章汇编》第三册，北京：生活·读书·新知三联书店1962年版，第1256—1257页。

及北平使馆界内之私有资产其为敌国人民所有者，应作为第三类资产处理；其为同盟国或中立国人民所有，当接收租界或使馆界时仍在原主手中者，应准其继续保有；如为敌伪强占者，应于所有权证明后，或由各该所属国领馆代为证明后，即交还原主其已由外商出让与敌伪者，或由外国商冒顶敌伪产业者，均按敌伪产业办理。[1]这表明，对于北京使馆区，国民党政府所能接收的资产范围只包括第一类和第三类，即所谓官有资产和敌国政府的资产。

办法还规定，每一租界或北平使馆界接受完毕后，由政府组织清理委员会，审查并确定各块租界及北平使馆界内应行移转于中国政府之官有资产及官有义务债务，并厘定关于担任并履行此项官有义务及债务之办法，呈候行政院核准施行。[2]

根据这一办法的规定，国民党政府行政院同时在 11 月 24 日公布了《租界及使馆界官有资产与官有义务债务清理委员会组织规程》。12 月 14 日，北平市政府也转发了该组织规程。其主要内容是："各清理委员会的职责包括：1. 审查并确定各租界及使馆界内应行移转于中国政府之官有资产与官有义务与债务；2. 协助接收机关接收租界、使馆界内之官有资产；3. 拟定如何担任并履行官有义务债务之具体办法，呈请行政院核准施行。各清理委员会各设主任委员一人，综理会务，由当地市长担任。各清理委员会设委员五人至七人。由行政院指派法律专家及熟悉租界使馆界之人员充任之。主任秘书一人，承主任委员之命处理日常会务。各清理委员会应于成立后一年以内将各项工作办理完竣。各清理委员会遇有不能解决

---

① 《北平市政府训令（第 268 号）》（1945 年 12 月 14 日），北京市档案馆藏，档号：J009-001-00140，第 9—11 页。

② 同上，第 12 页。

之事项，应即呈请行政院核示办理。"①

　　1946年7月，北平使馆界官有资产及官有债务义务清理委员会正式成立，设在西班牙使馆原址。由市长熊斌（后为何思源）任主任委员，委员7人，分别是市政府秘书长杨宣城（后为邓继禹）、法律顾问黄觉非、参事胡寄窗、外事处长唐悦良（后为左明彻）、地政局长张道纯、警察局长陈焯（后为汤永咸）及外交部平津区特别员季晋泽。根据外交部与美、英使馆达成的协议，由过去参加管理使馆界的有关国家驻华使馆推荐外籍顾问5人参加清理委员会的清理工作。他们分别来自美、英、法、比、荷五国。②

　　这样，国民党政府接收北平使馆区的法律和组织方面的准备工作已经就绪，接收工作应以北平市政府为主导。然而现实的接收工作却存在一些问题。首先，北京使馆区可供接收的资产已经所剩无几。使馆区内各国房产共157所，每所房屋的房间从10间到800间不等。英、美、法、苏、比、荷、瑞士等国驻华外交机构已自动复员，在各国使馆原址设立使馆驻北平办事处或领事馆。而敌国公私资产大部分已经被河北平津地区敌伪产业处理局接收，委托中央信托局保管运用，有的已出售、出租。③ 这就使得北平市政府能够收回的资产由原来的第一类和第三类即官有资产和敌国政府的资产变为只剩下第一类的官有资产。而清理委员会的查看土地、丈量房屋

---

① 《北平市政府训令（第268号）》（1945年12月14日），北京市档案馆藏，档号：J009-001-00140，第4—6页。

② 万永光：《国民党政府收回北平使馆界》，载中国人民政治协商会议北京市委员会文史资料研究委员会编《文史资料选编》第四十二辑，北京：北京出版社1992年版，第242页。

③ 同上，第241页。

等清理工作也很难开展。其次，就是发生了北平市政府与河北平津地区敌伪产业处理局的管辖权之争。如前所述，使馆区敌国公私财产的大部分已经被河北平津地区敌伪产业处理局抢先接收，有的为外交部、财政部、交通部接收。而根据《接收租界及北平使馆界办法》的规定，北平市使馆区的敌国公私资产应由北平市政府接收，而敌伪产业处理局不肯把已经到手的财产再交出去，双方争执不下。而行政院最终的指示是"处理局未了各案仍应由该局继续处理，以免纷争。惟属于敌国使领馆之财产，可仍由市政府会同外交部派员接收"。① 这样一来，北平市政府所能接收到的财产就更少了。

自清理委员会成立到1947年12月清理工作基本结束，北平市政府各部门及清理委员会主要做了以下三个方面的工作：

首先，清理委员会通过与外籍顾问协商，确定了到底什么是北平使馆区的官有资产、官有义务和债务。官有资产是指管理使馆界事务公署所有及保管的一切资产，包括动产、不动产、流动资产、设备及使馆界广场，这些资产都进行绘图和清点造册的工作。官有义务是指管理使馆界事务公署所行使之公共职务，包括治安、消防、卫生和公务四项。这些义务现在已经由中国政府履行，以后应继续由中国政府履行。官有债务是指管理使馆界事务公署所欠的债务。② 由此可见，所谓使馆界的官有资产、官有义务和债务都与管理使馆界事务公署有关。

---

① 《北平使馆界官有资产与官有义务债务清理委员会座谈会记录》（1947年3月10日），北京市档案馆藏，档号：J038-001-00079，第45页。
② 万永光：《国民党政府收回北平使馆界》，载《文史资料选编》第四十二辑，第244页。

其次，北平市政府各部门开始恢复使馆区的市政工程建设，收回使馆区的公用设施。1946 年 12 月 26 日，北平市警察局致函北平市工务局，要求修理使馆区已经破损的道路。28 日，清理委员会也向市长兼清理委员会主任委员何思源汇报，"使馆界街巷之整齐清洁，关系中外观瞻，马路道沿间有损坏之处，应即查照计划整理"。市政府也将此事批交工务局处理。① 1947 年 2 月 19 日，北平市工务局分别复函警察局和清理委员会，表示所有石渣路破损严重，准备彻底翻修，柏油路则到天暖时派工补修，其他人行道缺砖，道牙缺石的情况已经派工补修。② 1947 年 5 月 22 日，北平市政府又发布命令，使馆区内的所有公共厕所应有卫生局接收，而使馆区内的树木、植物和石桥等，统一由工务局接管。③ 6 月 28 日，工务局致函清理委员会，要求提供使馆区内树木、植物、石桥数量和所处地点的清单。④ 7 月 8 日，清理委员会即将清单送达给工务局。7 月 24 日，工务局又派出技术人员会同清理委员会的人员，按照清单对树木、桥梁等进行点收工作，并于 8 月 8 日向市政府汇报了点收情况。⑤ 6 月 18 日，卫生局也命令下属工作人员准备接收使馆区公厕。

---

① 《北平市警察局致北平市工务局的函》（1946 年 12 月 26 日）、《北平使馆区官有资产与官有义务债务清理委员会给市长兼主任委员何思源的呈文》（1946 年 12 月 28 日），北京市档案馆藏，档号：J017-001-03313，第 5、16 页。

② 《北平市工务局给北平市警察局的复函》（1947 年 2 月 19 日）、《北平市工务局给北平使馆区官有资产与官有义务债务清理委员会的复函》（1947 年 2 月 19 日），北京市档案馆藏，档号：J017-001-03313，第 14、36 页。

③ 《北平市政府训令（第 4914 号）》（1947 年 5 月 22 日），北京市档案馆藏，档号：J017-001-03313，第 39 页。

④ 《北平市工务局给北平使馆区官有资产与官有义务债务清理委员会的函》（1947 年 6 月 28 日），北京档案馆藏，档号：J017-001-03313，第 56 页。

⑤ 《北平市工务局给北平市政府的呈文》（1947 年 8 月 8 日），北京档案馆藏，档号：J017-001-03313，第 58 页。

同日，卫生局还通知清理委员会将派员与之进行接洽。① 6月20日，双方工作人员会面，完成了公厕的移交手续。7月30日，卫生局正式向市政府汇报了公厕的状况以及整修启用的计划。② 这些情况说明，北平市政府已经全面接管了使馆区的公用设施。不仅如此，当时北平市政府工务局还提出了如何使用使馆区四周隙地的计划。根据1947年5月31日工务局拟订的计划，使馆区东面空地改建为体育场，北面和西面空地辟为林荫大道。③

第三，有限度地清理使馆区中西方列强留下的有辱中国国体的痕迹。在英国使馆围墙的东北角墙壁上，有义和团运动时期留下的枪弹损坏痕迹30余处，英国使馆人员在其上用蓝油漆写了"Last We Forgot"（永志不忘）的字样，而且字迹清晰，清理委员会员认为"有碍新好"，通知英国使馆予以清除。另外，在德国使馆院内有遗留下来的铜炮两门、铁炮两门，清理委员会通知工务局将这些铜炮、铁炮转移到位于故宫午门的历史博物馆。工务局于1948年5月搬移完成。但是，这种清除工作也很不彻底。在英国使馆门前有两座石碑，分别记载了义和团攻打英国使馆的日期和在义和团运动中死亡的英国人的姓名。清理委员会认为石碑上只有日期和人名，并无其他文字，因此允许英国使馆将石碑移至馆内保存。在意大利兵营和德国使馆也各有石碑两座，意大利兵营的两座石碑记载的是

---

① 《北平市卫生局训令》（1947年6月18日）、《北平市卫生局给北平使馆界官有资产与官有义务债务清理委员会的函》（1947年6月18日），北京市档案馆，档号：J005-001-01536，第11—14页。

② 《北平市卫生局给北平市政府的呈文》（1947年7月30日），北京市档案馆藏，档号：J005-001-01536，第4页。

③ 《北平市工务局给北平市地政局的函》（1947年6月9日），北京市档案馆藏，档号：J017-001-03313，第48页。

在义和团运动时期和第一次世界大战期间阵亡士兵的姓名。德国使馆的两座石碑均记载的是在义和团运动中德国人死亡的日期和时间。清理委员会及北平市工务局认为"碑文纯系为纪念性质，并无轻侮我国文字"，"尚无碍及国体字句"，于是，意大利兵营的石碑被移至使馆内保存，德国使馆石碑仍置原处。①

应该说，当时的北平市政府为收回使馆区做了一些工作，但这些工作还不是非常彻底。收回使馆区后，北平市政府也就使馆区做了一些规划，这些规划是美好的，然而国民党政府挑起内战，在内战连连败绩之时，彻底收回改造使馆区的历史责任显然已经不能由国民党政府来完成了。

1949年1月31日，北平和平解放。1950年1月6日，北京市军事管制委员会颁发布告，宣布收回美国、法国和荷兰兵营的地产权，征用兵营及其他建筑。4月，北京市军管会又征用英国兵营。这种肃清帝国主义在华特权的行动也在天津、上海等地展开。法国和荷兰按期于1月14日交还兵营地产及其建筑，美国最后也不得不于1月16日交出兵营。② 后来，一些与新中国建立正常外交关系的国家，继续在东交民巷使馆区保留或建立使馆。从1959年开始，按照中国政府的安排，东交民巷的各国使馆陆续迁往建国门外及三里屯地区的新馆。

---

① 万永光：《国民党政府收回北平使馆界》，载《文史资料选编》第四十二辑，第244页；《北平市工务局给北平市政府的呈文》（1948年5月27日），北京市档案馆藏，档号：J017-001-03451，第10页。

② 裴坚章主编：《中华人民共和国外交史，第一卷，1949—1956》，北京：世界知识出版社1994年版，第261页。

结语

　　使馆制度是一种国际社会普遍接受的外交制度，它有利于维护和发展国与国之间的关系，这一制度本身是无可厚非的。但是，北京使馆区的形成却是中国近代史上的一个特殊的历史现象，是近代中国外交所走过的特殊历程的缩影。北京使馆区不同的境况从根本上体现的是中国在 1911 年至 1949 年期间的兴衰荣辱和国际地位的变化。不论是北京政府还是南京国民政府乃至抗战时期的傀儡政权，它们的对外政策在北京使馆区都有所体现。可以说北京使馆区在民国时期的经历就是一部浓缩的民国外交史，因此，研究民国时期北京使馆区的情况对于全面理解中华民国外交史具有较为重要的意义。